# 抗日英雄小故事系列

## 王铭章

谢婷婷 编著

周东升 汪铮 主编

团结出版社

图书在版编目（CIP）数据

　　王铭章 / 谢婷婷编著. -- 北京 ：团结出版社，
2014.12
　　（抗日英雄小故事系列 / 周东升，汪铮主编）
　　ISBN 978-7-5126-2996-7

　　Ⅰ．①王… Ⅱ．①谢… Ⅲ．①王铭章（1893～1938）
－传记－青少年读物 Ⅳ．①K825.2-49

　　中国版本图书馆CIP数据核字(2014)第165718号


出　版：团结出版社
　　　　（北京市东城区东皇城根南街84号　邮编：100006）
电　话：(010) 65228880　65244790 （出版社）
　　　　(010) 65238766　85113874　65133603（发行部）
　　　　(010) 65133603（邮购）
网　址：http://www.tjpress.com
E-mail：65244790@163.com（出版社）
　　　　fx65133603@163.com（发行部邮购）
经　销：全国新华书店
印　装：北京艺堂印刷有限公司

开　本：170mm×240mm　　　1/16
印　张：8.75
字　数：81千字
印　数：3000
版　次：2015年8月　第1版
印　次：2015年8月　第1次印刷

书　号：978-7-5126-2996-7
定　价：18.00元

# 目　录

抗日英雄
王铭章

抗日英雄

小故事

# 第一章 恰同学少年

## 第一节 弃文从武

东汉著名的军事家和外交家班超出身于文学世家，但是班超对文学没有兴趣，从小就立志征战疆场，保卫家国，建功立业。公元 62 年 ( 永平五年 )，哥哥班固被朝廷任命为校书郎，班超和母亲也随同班固到了洛阳。因为家庭贫穷，班超经常替官府抄文书来挣钱养家。他因为长期抄写而劳苦不堪，曾经有一次，他停下了手中的活儿，扔了笔感叹道："大丈夫如果没有其他的志向谋略，也应效仿傅介子、张骞在边疆立下大功，以得到封侯，怎么能长时间从事笔墨工作呢？"旁边的人都嘲笑他，班超说："小人物怎么能了解有志之士的志向呢！"

王铭章将军像历史

抗日英雄
王铭章

上许多有志之士那样效仿班超，在国家危亡的时刻挺身而出，弃文从武，开始自己的军旅生涯。

他出生于四川乡村的一个普通家庭，很小的时候母亲就去世了，父亲王文焕是一个忠厚老实的小商贩，一家人依靠他经营一家小杂货铺维持生活。妻子去世以后，王文焕独自抚养一双儿女，尽管三个人的生活过得很艰辛，他仍然很重视对两个孩子的教育。年少的王铭章没有被艰辛的生活压倒，他一直努力学习，希望以第一名的成绩考入新都县立高等小学。

在这期间，王铭章迎来了命运给他的更大考验。1904 年冬的一天，夹杂着雨和雪的北风呼呼地吹进泰兴场初级小学简陋的教室中。王铭章正在教室里听老师讲课，突然一个戴着斗笠的人走进教室，对着王铭章说："你家里出事了，赶紧回家去！"王铭章的脑子嗡嗡作响。父亲的病一直没有好，不会是出了什么事情吧？王铭章在心理隐隐担心。

他立刻冲出校门，在泥泞的小道上匆忙地往家跑。等到回到家，王铭章被眼前的景象吓了一跳——小小的房间里挤满了人，每个人的脸色都不好看。王铭章冲到父亲的床边，看着躺在床上奄奄一息的父亲，眼泪忍不住落了下来，他和妹妹大哭着叫"爸爸"。王文焕的目光停留在两个孩子的身上，之后，他缓缓地看向自己的叔叔王心田。王心田赶忙道："你放心，我会好好照顾这两个孩子的。"王文焕的目光又转回了两个孩子身上，看了一眼，最终合上了双眼。王铭章和妹妹扑倒父亲身上，痛哭起来。

父亲的丧事办完以后，叔爷王心田对王铭章说："不要难过了，人死不能复生。我答应你的父亲要好好照顾你和你妹妹，以后就和我自己的亲孙子一样。"王铭章哭着对叔爷爷说："我长大了，可以自己养活自己，只是我还想读书。"

叔爷看着他，激动地说："好孩子，我们王家的祖先以前生活在江西，做过几代的官，后来才迁居到这里，以教书为生。我和你爷爷都没有继承家业去读书做官，而是去做生意了，你父亲也和我们一样。我们王家从六世祖开始就没有一个读书当官的，现在我把整个家族的希望都寄托在你身上了。你要好好读书，不要辜负你父母和整个王氏家族的期望。"

在叔爷的资助下，王铭章继续自己的学业，实现了以第一名的成绩考入新都县立高等小学的愿望。他牢记叔爷的教导，勤奋学习，决心毕业以后考一所好中学。

但是随着年龄的增长和知识的增进，看到帝国主义对中国的侵略和清政府的腐败无能，王铭章深刻地认识到"读书做官"的理想已经没有用武之地了。中国人民处在帝国主义的侵略和封建统治者的压迫之下，眼下最重要的事情就是反抗侵略和压迫。王铭章知道只有在军队中，才能立下属于这个时代的功绩。但是想到叔爷对自己的期望，王铭章又犹豫了。

学校教修身课的老师是一个有强烈爱国心的人。他经常在课上教学生怎样做人，怎样爱国，还给学生们讲鸦片战争以后帝国主义侵略中国，瓜分中国的历史。

有一次，这位老师在课上给同学们讲八国联军侵华的史实："八国联军入侵中国，给中国人带来了巨大的灾难。士兵们在北京公然抢劫老百姓和王公贵族的家，侵略者们自己就承认他们仅仅一个早晨抢到的银子就可以堆成一座银山。他们还从清政府的国库中抢走了两百多万两白银和皇宫内的无数珍宝，还放火烧掉了圆明园。他们每到一处看到老百姓就把他们杀死，大沽口有一万多户的居民似在八国联军侵略者的屠刀下，尸体遍地，鲜血把河水都染红了。"讲到这里，老师和同学都抑制不住地流下了眼泪，深深痛恨清朝政府的腐败无能和侵略者的残忍暴虐。

下课后，王铭章找到老师，他对老师说："老师，为什么我们的军队没有抵抗外国的侵略者呢？"

老师诧异地看着王铭章："你为什么这么问？"

王铭章回答道："如果我们的军队能够抵抗这些外国侵略者，中国的老百姓就不会受这么多的灾难和痛苦。可是我们的军队为什么这么容易就被侵略军打败了呢？"

老师对他说道："这并不是广大士兵们的错，我们的军队里有很多英勇爱国的将士，为了反抗侵略者以身殉国，但是清

朝的统治者们昏庸无能，胆小懦弱，为了保持自己的统治地位，轻易地就向帝国主义列强低头了。他们不仅采取避战保船这样的保守策略，还严酷镇压人民的反抗运动。"

王铭章愤怒地说："清政府面对列强的欺侮竟然这样昏庸无能，难怪到处都有革命党。将来我也要去参加革命党。"

1909 年，王铭章从新都县立高等小学毕业。他放弃了进一所好中学的打算，考到了四川陆军小学堂，立志成为一名保家卫国的军人，把侵略者赶出中国，把清政府赶下台。

## 第二节　保路运动

甲午中日战争之后，列强纷纷在中国投资经营，大肆夺取铁路修建和经营特权，借机掠夺中国丰富的资源。英法等国为了掠夺四川丰富的自然资源，就向清政府提出由外国资本建造一条从成都，经过重庆到达汉口的铁路。

四川人民认识到这条铁路一旦建成，就会使得四川的土地和人民永远沦陷在列强的掌控之中。为了抵挡列强的侵略步伐，四川人民主张铁路由人民自己筹措经费来修建。强政府在群众的强烈要求之下答应了四川铁路自筹自办的主张。但是不久之后，清政府在列强的威胁之下，宣布把川汉和粤汉铁路收归国有，打算卖给列强，和四国银行签订借款条约。1911 年 5 月，清政府公然宣称要强行接收铁路公司，民众知道以后非常气愤，要求抵抗清政府的这一决定，开展了轰轰烈烈的保路运动，成立了保路同志会。

王铭章和陆军小学堂的同学们也在学校里成立了同志会，加入到轰轰烈烈的保路运动当中。

晚上，在校园操场的一角，经常有二十多个同学围坐在一起商量如何在学校里开展保路运动。会议通常由王铭章召集，李家钰来主持。李家钰在学校和王铭章是好朋友，比王铭章高一届，后来也投身军队，为了抗日救国，献出了自己的生命。

同学们聚集在一起是为了商量怎么对付学校的姜总办。姜总办名叫姜登选，是清政府委任的学监。王铭章和同学们曾经找到姜总办，提出让学生们参加保路运动的主张，却被姜总办臭骂了一顿。他对学生说："你们都是朝廷培养的人才，应该效忠朝廷。铁路收归国有是朝廷已经定下的政策，你们要是还要抵抗就是违抗朝廷的命令，我会让人把你们都抓起来。你们不要再胡闹了，都回去吧。"在姜总办的极力阻挠之下，陆军小学堂的学生们没有办法了解外界的最新消息，不能参加保路运动。大家觉得，只有把姜总办赶出学校，大家才能为保路运动出一份力。李家钰等毕业班的同学因为马上要去凤凰山进行训练，大家推荐王铭章为这次活动的负责人。

王铭章和同学们首先在学校里张贴了许很多"打到姜登选"的标语。姜总办气坏了。他立即打电话向督军公署求助，说有人在学校里煽动学生闹事，要求派警察到学校里维护秩序。

不久之后，一队警察来到了学校里。他们封锁了学校大门，不让学生出入，禁止学校里的人和外界传递消息。警察还把大家贴的标语全部撕了下来，甚至在同学们正在上课的时候，警察就冲进教室里把一些学生带出去殴打一顿。参加这次活动的同学都被学校开除了学籍，勒令离校。但是，王铭章和伙伴们没有因此而害怕，他们又组织了学生罢课，向学校抗议。

因为无法和外界取得联系，这次斗争陷入孤立无援的境地。几天之后，毕业班的同学回来了。王铭章立刻找到李家钰商量对策。

王铭章说："这次的活动没有成功是我的错，我不应该只把矛头对准姜登选而忽略和外界的联系。"

李家钰说："这是大家一起决定的，不能怪你一个人。我们要成立'陆军小学保路同志会'和其他的保路组织联起来，大家一起努力。"

王铭章说道："晚上我就和同学们说去。我还可以联系西安和南京陆军中学里的四川同学，争取他们的支持。"

李家钰称赞道："这个主意很好，赶快去办吧！"

王铭章立即去找其他同学说了关于成立'陆军小学保路同志会'的决定，得到了大家的支持。

第二天，王铭章在学校里贴出了《四处陆军小学保路同志会成立宣言》，惹得姜总办大怒。他立即召开全校大会，威胁要严厉查处这件事。

王铭章和伙伴们没有因此而被吓到。他们和其他的保路同志会取得了联系，相互支援。

四川省的总督王人文看见保路运动的热潮已经无法控制，就向朝廷申请延缓收路的时间。大家满怀希望等待清政府的回复，但是清政府却把王人文革了职，流放到新疆，派凶残的赵尔丰担任四川总督。赵尔丰一上任就大肆抓捕省同志会的领导人张澜、蒲殿俊、罗纶等，激起了人民的强烈不满。

王铭章听到这个消息以后，决定和伙伴们一起参加由成都各界一起组织的请愿活动。

第二天，当他和大伙一起来到督署，要求面见赵总督。没有想到，赵尔丰竟然下令开枪，请愿的民众四散奔逃。最终，有32人死在了赵尔丰的手上，受伤的群众也很多。这就是"成都血案"。

"成都血案"的发生，激起了全国人民的愤慨。四川的人民更是拿起武器与赵尔丰及其手下展开武装斗争。王铭章和伙伴们拿起武器，投身到战斗当中，要为无辜死去的人报仇。

清政府为了镇压四川人民，就派驻守在湖北武昌的军队到四川，这就给革命党人成功发动武昌起义制造了机会。武昌起义胜利的消息迅速传遍全国。这个消息也大大地激励了四川军民。11月27日，大汉四川军政府成立，宣布脱离清政府的管控。陆军小学由清政府任命的总办姜登选也灰溜溜地下台了，王铭章和伙伴们的第一次斗争取得了胜利。

此后，在四川人民的不懈努力和全国其他地区人民的帮助下，四川在和清政府的对抗中获得了胜利，赵尔丰也被处死，全省人民拍手称快。

第二年，"中华民国四川都督府"成立，尹昌衡被推荐为都督。不久之后，尹昌衡下令停办陆军小学，成立四川陆军军官学堂。李家钰等毕业班的同学转到该校成为第一期学生。王铭章也转入该校成为第二期学生。他开始了自己新的学习和斗争生涯。

## 第三节　讨袁战役

武昌起义胜利以后，孙中山先生领导革命党人继续进行辛亥革命，赶走了清政府和皇帝，使得中国开始走上民主与法制的现代化道路。1912 年 1 月 1 日，中华民国临时政府在南京成立，孙中山先生就任临时大总统。

但是，在帝国主义和封建势力的支持下，革命胜利的果实很快被北洋军阀头子袁世凯所窃取。在袁世凯的威胁之下，孙中山先生和革命党人只好把临时大总统的位子让给他。而袁世凯就任临时大总统之后的所作所为，处处和中华民国的民主共和精神背道而驰。他为了满足自己的野心，竟然不顾全国人民的反对，要恢复皇帝制度，自己当皇帝，企图把中国带回封建制度之下。

袁世凯恢复帝制，残杀革命党人的行为引起了全国人民的气愤和声讨。1913 年 6 月，保定陆军军官学校的校长蒋百里先生因为不满袁世凯的独裁统治而自杀，震惊了全国军校的学生。王铭章也受到了极大的震撼。他想：“袁世凯太可恶了，为了当皇帝，大肆出卖国家主权，向列强借款，残忍地杀害革命党人，是我们民族的罪人。我要和同学们商量商量为打到袁世凯尽一份力。"

为了保卫民主共和制度，以孙中山为首的革命党人决心发动讨伐袁世凯的战争。1913 年 7 月，讨袁战争爆发。

王铭章和四川陆军军官学堂的同学们也在积极筹划参加讨伐袁世凯的战斗。然而袁世凯为了防止军校的学生闹事，下令各地军校提前放暑假，规定学生必须回家。就在王铭章和同学们被迫离开学校的前一晚，有两个第一期毕业班的同学从上海回到了学校里，找到了王铭章。他们向王铭章传递了令人激动的消息。

他们告诉王铭章："孙中山先生决心讨伐袁世凯，得到很多地方的支持，陈其美也要在上海领导武装斗争。但是他手上没有军队，只好向各个地方的军官学校寻求帮助。我们奉陈其美先生的命令来四川招募志愿者。你们在保路运动中表现很出色，希望这一次你也可以组织大家积极参加。"

王铭章听了以后非常开心，他说："我马上就去通知大家，大家一定会踊跃报名的。"

当天夜里，王铭章就把同学们组织到了一起，告诉了他们这个消息，大家都争先恐后地报了名。

第二天，100 多人的队伍乘船出发了。

王铭章坐在船头，静静地看着江水，心里一直平静不下来。

他知道这一次去上海参加战斗，很有可能会战死。他不怕牺牲，但是，家乡年迈的叔爷要自己照顾。如果自己这一次战死了，就没有办法报答叔爷养育自己的恩情了，也不能照顾自己的妹妹了。但是，自己从小就立志报国，这次正好是为国家为民族出力时候，自己不应该退缩。最后，王铭章决定全心投入到这次战斗中去，实现自己保家卫国的理想，即使战死，叔爷和妹妹也会为自己感到骄傲，因为自己是为了民族和国家而死的，是一个英雄。从这以后，王铭章就一直抱着舍身救国的信念，在枪林弹雨中坚守着自己的誓言。

到了上海以后，王铭章和同学们听到江西、江苏、广东、福建、安徽纷纷宣布独立的消息，但是上海却一直没有动静。

王铭章很着急，他到上海讨袁司令部，找到了向传义，问道："为什么我们还不行动呢？"

向传义解释说："陈其美总司令正为了这件事四处奔走，但是讨袁的队伍不是这么快就能建立起来的，你耐心地等等！不过，现在连保定军官学校的同学都来了，应该很快就会行动起来了。"

10天以后，向传义急匆匆地跑来通知王铭章："陈总司令终于募集到了7500人参加这次战斗。我们学生军被分到松江军里，你回去通知大家做好战斗准备。"

王铭章赶忙回去把这个消息告诉大家。大家都很激动，一

抗日英雄
王铭章

个个摩拳擦掌，想要大干一番，给袁世凯一点颜色看看。

7月22日，陈其美宣布上海独立。深夜，他下达了进攻制造局的命令。讨袁的队伍分成三路进攻：一路攻东局门，一路攻后门，学生军和刘福彪的福字营敢死队进攻西栅门。

战斗打响后，讨袁军表现得十分勇猛，奋勇杀敌，袁世凯的军队也展开了猛烈的反击，双方僵持不下。深夜，指挥官把第二梯队的学生调到了前线。

王铭章拿着枪，和伙伴们一起向前冲去。虽然平常在学校上课也会拿枪，会有战斗的课，但并不是像这一次真正的战斗，王铭章感受深刻。这是他和许多同学第一次拿起枪上战场杀敌，真正这么多的人突然之间就倒在自己的面前，王铭章的心中也产生了一丝恐惧。但是，想到这么多的战士都是为了赶走袁世凯，为了民族而献出自己宝贵的生命，自己也应该和他们一样，不能后退，死也要死得英勇，死了也不后悔。抱着这样的信念，王铭章和其他学生军们勇敢地举枪向敌人进攻。战斗从深夜打到了黎明时分。学生军们最终占领了西栅门，完成了上级布置的任务。

王铭章看到很多同学都受了伤，有的伤口还在向外冒血，也有同学倒在血泊之中再也没有站起来。胜利的喜悦并没有冲淡对死去的同伴们的哀痛。但是，袁世凯的军队立即组织反攻，王铭章没有时间难过，就和剩下的同伴们一起又投入到战斗中去了。

袁世凯的军队凭借从国外购买的新式武器，在中午的时候，重新夺回了西栅门。讨袁军的指挥官立刻组织了第二次进攻。刘福彪和他的敢死队打前锋，学生军紧跟在后面。敌人新式武器的威力很大，讨袁军不断有人中弹受伤，但是没有一个人害怕投降。由于敌我双方的力量相差太大，天黑的时候前锋失利，刘福彪只好和仅剩的20多名敢死队员退回阵地，其余的200多人全部牺牲。第二次进攻也失败了。

不久之后，讨袁军又发动了第三次进攻，先后占领了东局门和后局门，学生军也对西栅门发动猛攻。眼看就要成功了，敌人竟然从上空向制造局投掷炮弹。炮弹炸伤了许多人。

王铭章正和好朋友赵渭滨一起向敌人冲去，却突然感到有什么东西落在了前方不远处，二人立刻反应过来是炸弹，迅速地卧下。王铭章感到大腿上一阵剧痛，他用手往下一摸，满手的鲜血。他缓缓站起来，准备继续向敌方进攻。此时，指挥官下达了撤退的命令，赵渭滨赶紧搀扶着王铭章后退。这一次战斗失败了。

抗日英雄
王铭章

　　几天之后，就在陈其美继续招募军队，准备和袁世凯的军队决一死战的时候，袁世凯派了大批的军队到上海，战火一触即发。然而，在外国使团和上海红十字会的调停之下，双方答应停战，革命军也被解散，学生军也被送回原来的学校继续学习。

　　坐在回去的船上，王铭章看着自己腿上的伤，就像来的时候一样静默不语。赵渭滨过来安慰他："你是不是腿疼了，怎么不说话？"

王铭章回答道："我只是想到大家来的时候信心满满，一定要把袁世凯的军队赶出上海，可是牺牲了这么多同学的生命，却还是没有成功，我很难过。但是一想到袁世凯违背历史的潮流，肯定不会有好下场，而且革命就是要有人流血牺牲，同学们都希望报效国家，这次的牺牲也是为人民而死，死得其所，死得伟大，就产生希望和坚持革命的信心。我明白这次袁世凯没有被赶下台，就是因为有外国列强给他撑腰，我们一定要把列强赶出我们的国家，这样，人民才能过上好日子。"

大家回到四川，学校早已经开学，停止了报到，王铭章只好休学回家，一年以后，转入第三期。之后，他在学校里更加地刻苦训练和学习，为了自己的目标而坚持奋斗。

# 第二章　戎马干戈起

## 第一节　投身军旅

1914 年秋天，王铭章从四川陆军军官学堂毕业了。他和好朋友冷寅东被分配到刘存厚管辖的川军第四师，赵渭滨被分配到了熊克武管辖的第五师。

王铭章回家乡看望了亲人以后，就立即到第四师报到。一路上他都想着昨天晚上自己和叔爷的对话。

他对叔爷说："叔爷，上次去上海参加讨伐袁世凯的战斗，我受了伤，但是还是活着回来看望您老人家。但是，跟我一起去的同学有的却牺牲了，以后，我还是会上战场的，很有可能和他们一样死在战场上，不能报答您的养育之恩了，我在这里向您磕头请罪，请您一定要原谅我。"

说完就向叔爷恭恭敬敬地磕了几个头。

叔爷赶忙拉他起来，语重心长地对他说："章娃子，当初我不想让你当兵就是怕这个。但是，这些年我明白了一个道理，赶走侵略者是每一个中国人的责任，你们这些好儿郎立志报效国家，是国家的幸运，你们就是国家的希望和未来，我不应该拦着你。你放心，叔爷身体很好，还有你堂叔供养我，不用担心。你妹妹现在也在学堂里面读书，我会好好照顾她的，你也不用

抗日英雄
王铭章

替她操心。你就安安心心地去军队里，学好本事，将来把坏人赶出我们的国家，叔爷和你死去的父母都会为你感到骄傲的。"

王铭章听了叔爷的话非常感动，又向叔爷爷磕了几个头，对叔爷爷说："叔爷，你放心，我一定会学好本事，上阵杀敌，不给您丢脸。"

第二天，王铭章早早地就出发了。

他到达川军第四师以后，被分配到工兵营担任见习官。在工兵营，王铭章认识了他最敬佩的长官——陈国栋。

陈国栋出生于 1879 年，是四川郫县人。他和王铭章一样，早年父母就过世了，只留下他和弟弟相依为命，在商店当学徒过日子。

他原名陈言保，后来，在别人的帮助下，他顶替了陈国栋，到朝廷办的武官学校上学，之后就一直用陈国栋这个名字。当时，朝廷规定，只有武官家的孩子才能进入武官学校学习，陈言保家里是菜农出身，不能到这所学校里学习。后来，他打听到有一个叫陈国栋的武官子弟，在学校报了名，但是还没有上学就病死了。于是，在别人的帮助之下，他顶替了这个孩子，进入学校学习。毕业之后，他被分配到军队担任见习官，后来进入陆军讲武堂学习。结业之后，他回到原来的部队里担任排长。后来因为表现出色，被升为川军第四师工兵营营长。他时常教导王铭章，教他带兵打仗的方法和谋略，给他讲自己经历过的战斗和自己的经验、感受，给王铭章很大的启发。在他的指导下，王铭章在军队里的表现很出色，很快就升为排长。

不仅如此，陈国栋还要求王铭章做一个有德行的人，时刻牢记自己的责任。在王铭章升到排长的那一天，他对王铭章说："你在学堂上学的时候表现就很突出，勇敢地参加革命战斗，具备成为一个好军人的条件。但是，你不仅要学习战斗技巧，还要学习带兵打仗的方法，学习军事知识，学习兵法，成为高级指挥官，发挥更大的作用。还有，不要骄傲自满，不要关注个人得失，做一个德行兼备的君子，不做小人。还有，你要时刻牢记自己作为军人的职责，要有为民族国家牺牲的准备，不能怕死。"

王铭章向他敬了一个军礼，庄重地回答道："您的话我会一辈子牢牢地记在心上，不会忘记。"陈国栋欣慰地笑了。

此后，王铭章一直按照陈国栋提出的要求努力，严格要求自己，最终成为一代名将。

王铭章在军队里奋斗的时候，一直没有忘记关注时事。孙中山先生领导的讨袁战役，即"二次革命"失败以后，袁世凯加紧夺取权利的步伐。他严厉镇压了除西南几个省以外的革命势力，加紧对西南地区四川、云南、贵州的控制，尤其以四川为重点，不断制造事端，使得尹昌衡一年之后被软禁在北京，之后上台的胡景伊虽然采取讨好袁世凯的政策，但不是袁世凯的北洋军出身，不久之后就被袁世凯任命的陈宧取代。

王铭章时刻都想着把袁世凯赶下台，经常和陈国栋以及其他军官一起商量对策。王铭章对大家说："袁世凯倒行逆施，一定会被人民赶下台。我们现在最重要的就是加紧训练，做好准备。"他的话得到大家的一致赞同。此后，川军部队加紧了训练。

不久之后，陈宧命令刘存厚将他的第四师留一半兵力驻守四川西部，另一半兵力去四川南部地区的乡镇肃清那里的强盗土匪，整顿当地治安。

王铭章所在的队伍被派到了川南。他知道这是袁世凯在对付川军，他希望借此把第四师的兵力分开，减小其威力，也想借助散落在各个地方的强盗土匪打击川军，消耗川军的实力。

王铭章向陈国栋说出了自己的看法，陈国栋说："你说的对，袁世凯就是打得这个如意算盘。我们这次行动最好不要正面和这些土匪恶霸产生冲突，避免死伤，最好是能劝他们也加入到军队里，大家一起讨伐袁世凯。"

王铭章说："您的这个主意真好，不过，近些年民众对当兵的印象普遍不好，直接去劝他们跟我们合作可能不太容易，我们还是先整顿一下军纪，做到军民一家亲，才有成功的把握。"

陈国栋很赞赏王铭章的想法，对他说："你的想法很好，你就去负责这件事吧！"

王铭章随后在军队里展开行动，整肃了军纪，赢得了老百姓的信任。随后，陈国栋带领队伍前往永宁。

## 第二节 上山剿匪

陈国栋召集了永宁地区的乡绅和民众代表，向他们宣传这次剿匪的政策：以前做过土匪和强盗的人，只要愿意改过自新，到司令部登记，就可以既往不咎；民间成立的自卫队，要把人数和枪支等武器装备统计好，报告给司令部；对于不知悔改，继续作恶的匪徒，要坚决剿灭。

相关的布告出来以后，很多恶人都悔过自新，到司令部登记。乡民们积极举报盘踞在山上的强盗。陈国栋了解了情况以后，知道古蔺和永宁交界处有一座又高又险要的山，山上常年住着一伙土匪。他们经常下山抢劫山下的民众，杀人放火，还打劫从这里过路的行人，乡民们十分害怕。陈国栋决定严厉处置这些人，给其他强盗土匪团伙一点颜色看看，督促他们早日悔改。

王铭章和几个战士被派去当侦察兵，了解这座山的地理位置和地形，以及这伙土匪的情况。

王铭章决定悄悄地到民众中去打听消息。他换下军装，穿上了普通的衣服，一整天都和乡里的人闲聊，想从侧面了解这些土匪的情况，但是一无所获，乡民们根本不愿意和他聊山上的情况。

　　原来，这伙土匪只抢劫别的乡镇以及来往过路的商人，不对本乡的人下手，所以本乡的人也绝不会揭发他们。

　　傍晚的时候，王铭章来到警察局，在警察们的帮助下总算了解了一些信息。

　　他回到了营部，向连长段荣琼汇报打听到的情况。"连长，据当地的警察介绍，这座山三面都是悬崖，地势险要，只有一条小道通往山顶。山上大约有150个人，都是些土匪和地痞流氓，他们的老大叫杨雄飞，以前是清朝的一个士兵。山上负责管事的人叫熊明凯，大家都叫他熊五爷。我觉得要想一举拿下这座山，还是需要再多掌握一些有关他们的情况，我愿意上山去打探消息。"

　　一开始段荣琼并不同意，觉得太危险，但是王铭章一再要求，他只好同意，但是嘱咐他要注意安全。

　　随后，王铭章又到警察局去了解情况，希望找到一个熟悉山上情况的人带自己上山，当自己的帮手。赵队长向他推荐了铁匠李汉文。李汉文曾被杨雄飞抓到山上帮他打造刀具，对山上的情况很熟悉，和熊五爷也有交情。

　　在王铭章的一再劝说下，李汉文同意帮助他上山。李汉文说："上山要经过三道关卡，每一道都有人看守，外人根本进不去。不过，熊五爷最近找我上山打铁，你跟我一起去，就说是我帮手。"

王铭章回答道："这个办法好。李大哥，我们的目的是扫清土匪，最好是在山上找几个人做内应，从内部分化他们，减少正面冲突的损失。你看山上谁合适？"

李汉文说："我觉得熊五爷合适，他心肠没有杨雄飞狠毒，就是有些贪财，给他一些钱，他会答应的。"

两天以后，王铭章带着钱，和李汉文一起骑马向山寨奔去。他们到达山寨以后，见到熊五爷，李汉文对他说："五爷，您知不知道山下来了很多的兵，准备上山剿匪？"

熊五爷回答道："老子知道，听说附近不少人都下山从良了。我们老大也在愁这个事。"

李汉文给王铭章使了使眼色，王铭章立马接下熊五爷的话："五爷，我们李大哥可是给您带来了一个好消息，保证这次剿匪不会牵连到你。"

"你有什么办法，快说给我听听！"

李汉文摇摇头，假装为难地说："也没有什么好办法，您不要听他瞎说。"

熊五爷急得满头大汗，一直追问李汉文，李汉文一直不回答他。

王铭章趁机说道："李大哥，你就说了吧，熊五爷这么照顾咱们，咱们也要报答人家。"

抗日英雄
小故事

　　熊五爷听了，对王铭章说："小兄弟，你李大哥不说，你跟我说吧！"

　　王铭章装作为难，回答说："好吧，那我就说给您听吧！川军第四师现在驻扎在山下的乡镇里，希望收编山上的兄弟。陈营长让李大哥带消息给你，说是只要您愿意带着山上的人下山，接受收编，就大大地奖赏您，给您很多钱！"

　　熊五爷大吃一惊，问道："你们说的是真的？"

　　李汉文回答道："陈营长知道杨老大肯定不愿意接受收编，到时候就只有武装进攻，他们不想造成不必要的人员伤亡，希望您老能带着兄弟们主动下山，他们也不想跟你们动手。再说，他们要对付的只是杨老大，大家没有必要跟着一起送死，您说对不？"

在王铭章和李汉文的劝说下，熊五爷答应带领兄弟们下山，从今以后都不再做匪徒。

几天以后，王铭章带着手下 10 个士兵，趁着天黑偷偷摸上了山，准备活捉杨雄飞和他手下那些不愿意接受收编的人。

熊五爷吩咐手下的人看守上山的三道关卡，偷偷地放王铭章上山。王铭章带着人上到山顶以后，直奔杨雄飞所在的山寨。

王铭章带着人在山寨隐蔽起来以后，决定用手榴弹炸毁此时杨雄飞所在的山庙。手榴弹引爆产生的大声响让杨雄飞大吃一惊，他连忙带着手下组织反攻，想要从庙里逃出来。王铭章把手下人分成两组，左右包抄，不让人从庙里出来。战斗持续了一整天，直达天黑的时候，王铭章决定先从庙里放出，然后把他们一起抓起来。

杨雄飞以为自己胜利了，带着手下的人跑到山寨后院，想通过后院的一条暗道下山。没有想到，王铭章却带人守在这里，就等着活捉他。双方在后院交火，杨雄飞趁乱逃脱，王铭章带着人在山上一边和那些抵抗的土匪作战，一边搜索杨雄飞。虽然没有抓到杨雄飞，但是山上不愿意接受收编的匪徒们已经全部被击毙，熊五爷带着愿意下山的人和王铭章到山下登记，再也没有做坏事，肃清乡里的任务圆满完成。

王铭章一直为没有抓到杨雄飞感到可惜。几年之后，王铭章在战场上和杨雄飞狭路相逢，最终杀死了杨雄飞，为惨死在他手上的人报了仇。

剿匪行动结束之后，陈国栋把愿意下山参军的匪徒们收编在一起，扩大了工兵营的规模，刘存厚师长就把这个营改编为一个团，任命陈国栋为团长，任命段荣琮为该团的第一营营长。王铭章凭借自己出色的表现，被任命为第一营一连的连长。

## 第三节　誓除袁贼

王铭章在军队里一直努力训练，但是他一直没有忘记自己最初的愿望——把侵略者赶出中国，他也没有忘记自己在上海的战斗经历，一直想着把袁世凯赶下台。

孙中山先生领导的讨袁战役失败之后，袁世凯的野心日益膨胀。他把乞丐和妓女凑在一起，组成了支持他当皇帝的"乞丐请愿团"、"妓女请愿团"。1915年12月，他又指使爪牙包办"国民代表大会"，采用武力威胁和金钱收买等办法，让各省代表拥戴他当皇帝。12月13日，他宣布将民国五年改为"洪宪"元年，并准备在第二年（1916年）元旦举行登基大典，做洪宪皇帝。

袁世凯的所作所为引起了全国民众的强烈不满。1915年

12月25日，蔡锷将军、李烈钧将军等在云南宣布独立，通电全国，反对袁世凯称帝。接着，贵州、广西、广东、浙江等地区纷纷响应，反对袁世凯的浪潮席卷全国。

在这个关头，川军第四师师长刘存厚决定带领第四师加入蔡锷将军的行动当中，讨伐袁贼，救护中华，建立"四川讨袁护国军"，将部队分成五支队伍，分头进攻。

1916 年 1 月 20 日晚上，永宁县并没有如往常一样在漆黑的夜色中渐渐平静下去。县里的忠烈宫被几十盏灯和几十个大灯笼照得如同白昼，今晚这里正召开讨袁护国宣誓大会。火光照在王铭章尚有一丝稚气的脸庞上，映出内心的澎湃激动，他终于有机会向袁世凯报仇了。王铭章和其他军官们一起振臂高呼："拥护共和，反对帝制，不怕牺牲，誓讨袁贼"。第二天一早，陈国栋带领反袁第五支队向纳溪进发。王铭章的一连骑马赶在队伍的最前头。

抗日英雄
王铭章

永宁县至纳溪县的大道上，沿途赶集办年货的乡民很多，他们一见到马队奔来，都用惊惶的眼光望着这支北上的队伍。越靠近纳溪县，王铭章发现民众越来越少，道路也不通畅。他停下来问乡民是怎么一回事。当地的村民告诉他，这里离纳溪县只有15公里。纳溪县的四座城门已经关闭两天了，城墙上有许多兵把守，一般人根本进不去。

王铭章赶紧把这个消息报告给营长。营长决定让队伍停下来，在附近休息整顿。王铭章向营长建议组织队伍半夜偷袭。傍晚的时候，王铭章带着几个人打扮成普通老百姓，混进了纳溪城。果然，四方城门都防守得很严密，只有东门较为薄弱。入夜以后，他带着挑选的100名士兵，偷偷地潜到了东城门底下，在呼啸的北风声中，利用云梯，登上了城墙，占领了东城。随后他让手下的人兵分三路，占领其他三个城门。北洋军在睡梦中成了护国军的手下败将。

在这里，王铭章遇到了曾经帮助过自己的李汉文。他一面派人向营长报告消息，一面向李汉文打听纳溪县最近的形势。李汉文给他带来了一条重要消息。原来，蔡锷将军领导的护国军左路军已经迅速进入四川，袁世凯的手下熊祥生听到护国军要攻打纳溪这个消息，又听说袁世凯派张敬尧率领部下抵达重庆，增援泸州和纳溪，于是下令关闭城门，等待援军的到来。

王铭章向赶来的陈国栋报告说："熊祥生还不知道我

们已经占领了纳溪，我们不如严密封锁这个消息，让他以为纳溪还在他们的掌控之下。我们扮成他的部下四处打探打探消息。"

王铭章带着部下骑着马出了城。还没离开多远就发现有三个骑马的北洋士兵向城门奔驰而去。

"注意警戒。"叮嘱过手下以后，王铭章骑马拦在了路中央，三个北洋兵只好勒住了缰绳停下来。其中有一个人对王铭章说："我们是冯玉祥将军派去泸州见熊司令的。你们是哪个部队的？"

王铭章说道："我们就是熊司令的部下，你们要见司令，只有通过纳溪城，其他地方都已经封锁了。对了，你们说你们是冯玉祥将军的部下，有什么凭据吗？"

"有，冯将军给熊司令写了一封亲笔信。"

王铭章连忙说："那你们跟我一起进城，见了我们营长，听我们营长安排。"

王铭章带着三个人来到西城的营部，对他们说："你们把信给我，我向营长通报一声。"

冯兵很不乐意，王铭章故意加重了语气对他们说："没有东西证明，营长不会相信你们是冯将军的部下。"

他们三个人看见周围的士兵全都穿着熊祥部下的衣服，以为周围都是熊祥生的人，不好拒绝，就把信给了王铭章。

王铭章接过信，飞快地通知段营长。段营长小心翼翼地打开信封，抽出信笺查看。原来冯玉祥已经知道讨袁军向纳溪进攻，希望熊祥生批准自己退回泸州，免得被讨袁军切断后路。看完以后，段营长小心翼翼地又把信件放回了信封。

抗日英雄
小故事

王铭章把信还给了三个士兵，带着他们来到河边，渡船过河。他回到营部的时候，营长拍着他的肩膀，激动地对他说："老弟，你又立了一件大功！我敢肯定，熊祥生接到信以后一定会同意冯玉祥撤回泸州。你想，他们会走哪一条路？"

王铭章回答说："冯玉祥驻扎在南溪，一定是经过水路回泸州。我们埋伏在河两边，一定很容易就击败他们。"

段营长笑着说："你说得对！我刚刚已经把消息报告给

了陈团长，团长又向司令报告了这件事。司令听了很高兴，当即下令由田颂尧支队连夜开赴长江边埋伏。我们就等着好消息吧！"

几天之后果然传来了好消息。田颂尧接到命令以后，带领人马埋伏在马腿津，大败冯玉祥的部队。

马腿津之战大大鼓舞了护国军全体官兵，各路大军捷报频传。经过几个月的艰苦奋战，护国军大败袁世凯的北洋军。北洋军三面失利，最后由长江退出四川。

1916 年 5 月 22 日，四川宣布独立，袁世凯派兵攻打成都。田颂尧、陈国栋两支队伍因为冯玉祥主动撤退，沿途未受阻碍，首先抵达成都。同时，蔡锷将军也率军直逼成都。北洋军见势连忙退出成都，向川东方向逃走。之后滇军刘云峰支队也赶到成都，占领皇城和东校场，刘存厚率领部下占领成都西、北两个校场，双方人马共同迎接蔡锷将军入城。

王铭章因为在攻下纳溪的过程中表现出色，被升为营长。升官的喜悦远比不上袁世凯的死讯让王铭章更高兴。1916 年 6 月 6 日，袁世凯在人民的讨声中病死。

王铭章想着，袁世凯死了，那些在反袁战斗中牺牲的人应该可以安息了，没有了这个卖国贼，老百姓的日子也会越来越好，我们民族也会越来越强大。

然而，让王铭章没有想到的是，此后他在军中却经历了艰难的 20 年岁月。

## 第四节　艰难岁月

袁世凯死了以后，帝国主义列强失去了统治中国的共同工具，便各自开始在中国寻找走狗，中国出现了各派军阀相互割据的混乱局面，四川地区尤其严重，甚至有"天下未乱蜀中先乱，天下已治蜀中未治"的说法。

当初蔡锷将军是拖着病体带领滇军入川的，几个月以后，他的病情加重，不得不赴日就医。遗憾的是，将军几个月以后就病逝日本。之后，滇军的参谋长罗佩金代理四川督军，滇军和川军开始了混战。罗佩金为了巩固自己在四川的地位，处处排挤川军将领，激起川军的不满，被川军将领刘存厚和时任四川省长的戴戡赶下台。罗佩金下台以后，戴戡负责主持四川大局，引起了刘存厚的不满。为了打压刘存厚，罗佩金又回过头来与戴戡联手。刘存厚凭借强大的军事实力，将罗佩金和他的滇军彻底赶出四川，戴戡也交出四川的军政大权，带着黔军离开成都时遭到歼灭。

7 月，北京政府任命周道刚为四川督军。不久，滇军军阀唐继尧借护法之名，发动了四川靖国战争，率滇黔联军攻川。12 月 3 日，四川查办使吴光新战败撤出重庆，周道刚率残部败走永川、资中，从此脱离军界。12月8日，北洋政府任命刘存厚为四川督军。1918年2月20日，川滇黔靖国联军攻入成都，刘存厚等部退往陕南汉中地区。

1918年2月25日，唐继尧任命熊克武为四川督军兼省长。不久后杨庶堪担任四川省省长。在1918—1919年间，以熊克武、杨庶堪为首的国民党势力主政四川。然而，熊克武对杨庶堪心怀不满，熊、杨之间矛盾重重。1920年春，杨庶堪实业团与联合，拥杨倒熊，1920年春，实业团与杨庶堪联合滇黔军发动了倒熊之战。

熊克武得刘湘等部支持，与滇黔军及吕超等部展开连场激战，初战获胜。但7月，熊部遭到反击，难以抵挡，熊宣布辞去四川督军，7月10日率部离开成都，退往阆中进行整编。整编之后，刘湘担任第2军军长。在他的建议下，熊克武把刘存厚请回四川，合作驱逐滇黔军。1920年8月6日，刘存厚在汉中组织靖川军，自任总司令；率田颂尧、唐廷牧、张印本、赖心辉等部返川，熊、刘联合发动靖川之战。

9月21日，滇军战败全部退出四川。10月上旬，刘湘指挥川军分三路直攻驻重庆的黔军。10月15日，川军攻占重庆，黔军总司令王文华逃往上海，残部由卢焘代总司令率领，逃回贵州。实业团的势力也遭到严重的挫败，战后，所有实业团高级军官一律被逐出四川，杨庶堪也辞去省长职务赴广州。

熊克武、刘存厚联合发动靖川之战胜利后，他们之间的矛盾立即产生并尖锐，驱刘之战随之展开。刘存厚在实力上不如熊克武，于 3 月 20 日通电下野，率护卫营离开成都，逃往陕南宁羌，他遗留在四川的部队被熊克武手下各军收编。王铭章所在的部队，也被收归在熊克武部下。

驱逐刘存厚之后，1921 年 6 月，川军各将领在重庆召开善后会议。刘湘被推举为四川各军总司令。6 月 24 日，刘湘又被四川省议会和川军各将领选为四川省省长。第二军军长由杨森代理。第二军下辖三个师、四个混成旅、两个独立旅，实力与熊克武不相上下。在之后的川鄂战争中，刘湘实力大增，熊克武深感威胁。同时，杨森代理第二军军长，野心逐渐扩大。正当刘湘秘密准备与第一军作战时，杨森突然提前进攻第一军一主力。四川一、二军之战爆发。最终，杨森败退，刘湘退隐。

四川一、二军之战后，刘成勋主持四川军政。但是川军内部矛盾再次升级，形成一、三边军与三、七师之战。1923 年 3 月 30 日，刘成勋通电辞职停战，率部撤离成都。4 月 2 日，刘文辉来到成都，掌握四川大权。

不久，在各方势力的支持下，杨森回川，刘湘出山，熊克武势力也大大增强，四川战局更加混乱。直到 1926 年 10 月，北伐军攻克武汉，声威大震，四川军阀见大势所趋，纷纷表示服从国民政府。11 月，国民政府分别委任杨森、刘湘、赖心辉、刘成勋、刘文辉为国民革命军第二十、二十一、二十二、二十三、二十四军军长。12月，任命邓锡侯、田颂尧为第二十八、二十九军军长。至此，川军全部易帜，改挂青天白日满地红旗帜，归属国民政府统辖。

但是刘湘和杨森的争斗并没有因此停止，反而更加激烈。经过长期的争斗，刘湘联合刘文辉战胜了杨森，杨森败逃。

刘文辉虽然比刘湘小四岁，却是刘湘的堂叔。然而叔侄俩因为利益关系，关系逐渐紧张。1932年春夏间，刘湘拟订了攻打刘文辉的计划。他拉拢田颂尧、邓锡侯、李家钰和罗泽洲等川军将领，打败刘文辉，占据川东、川南、川西地区80余县，军队扩大至10余万人，长达17年的四川军阀混战才宣告结束。

王铭章多年来数次卷入四川军阀的混战，互相残杀的内战常使他感到痛苦和厌倦。尤其1925年，杨森向驻守在遂宁的陈国栋发动进攻，陈国栋手下的第七师师长暗中投靠杨森，陈国栋只好率领部下向潼南撤退，想要和十三师汇合，共同作战。但是十三师师长段荣琼不愿意再卷入无休止的内战，致使陈国栋大败，从此离开了军队。段荣琼深觉对不起陈国栋。

王铭章从当兵起就在陈国栋的麾下，他很敬佩这位长官。但是，作为军人，只能听从军队的安排，不能援助陈国栋。王铭章一直因为这件事感到难过，但他还是常常打起精神去看望病重的师长。段荣琼不久之后病逝，王铭章成为十三师师长，领兵驻守德阳。

川军长达 20 年的内战，让王铭章看到的是无数好男儿因为地方军阀的个人私欲而白白牺牲。他时常想："列强还没有完全退出中国，日本也加紧对中国的侵略脚步，如果人民内部不团结，那我们整个民族都不会有明天。我当初参军，就是为了赶走外国侵略者，保家卫国，现在却一直把枪口对准自己的同胞，真是对不起身上的这件军服。"

刘湘掌握四川大局，四川人民迎来了相对安定的生活。但是，1937 年 7 月 7 日的一声炮火，打破了四川人民的平静生活，也揭开了全中国人民八年苦难岁月的序幕。

## 第五节　"七七事变"

1937 年 7 月 7 日的夜晚，一切都像往常一样的平静。驻守在北平（后改称北京）宛平县的中国军队不敢有一点松懈，认真看守着这一片区域。到了夜晚的 11 时左右，扎营在丰台的日本军队在没有通知中国北平地方当局的情况下进行夜间军事演习。之后，日军以一名日军士兵失踪作为借口，向中国驻军提出了无理的要求，要求进入宛平县内搜查。由于时间已经是深夜了，中国驻军拒绝了这一要求。

在这之后，日军立马包围了卢沟桥，我军同意天亮后派出代表去现场调查。但是日本的寺平副官依然坚持日军入城搜索的要求，在我军再次拒绝了这一要求后，日军开始从东西两门外炮击城内，城内守军没有向日军进行反击。在日军加大攻击火力后，中方守军以正当防卫为目的开始反击，双方都有伤亡。随后卢沟桥北方进入相持状态。7月8日凌晨5:30左右，日军联队长牟田口廉也率领步兵、炮兵400多人，向城内中国守军发出强烈的攻击，我军奋起还击。

抗日英雄
王铭章

这就是"七七事变"，因为发生在卢沟桥，所以也称"卢沟桥事变"。这一事件在中国抗日战争历史上，乃至世界反法西斯的历史上具有重要意义。它是中国抗日战争全面爆发的起点，掀开了中国抗日战争的序幕。也象征第二次世界大战亚洲区战事的开始。

第二天，"七七事变"的消息传遍了全中国。

"号外！号外！7月7日'卢沟桥事变'，日军借口演习中一军曹失踪，侵入宛平县城，我卢沟桥守军吉星文团当即奋起抗战，抗战爆发了……"1937年7月8日午后，成都大街小巷响起极为罕见的急促叫卖声。

此时，王铭章正在办公室里等一个电话，他焦急地在办公室里走来走去。7月是川西最热的时候，身体胖胖的王铭章每天都热得很难入睡，但他每天都会早早地赶到办公室处理军务。自从7月5日军长孙震、副军长董宋衍去重庆参加会议以来，王铭章以41军12师长的身份代理军长，每天都要和军长、副军长汇报军队里最新的情况，工作变得更加繁重。

10点钟的时候桌上的电话机响起了急促的铃声。王铭章拿起听筒，电话那头传来了董宋衍焦急的声音："铭章，告诉你一个不好的消息，昨天夜里华北日军在北平附近的宛平城外的卢沟桥向我军发动进攻，战火正在不断蔓延，看样子日本是想向我们开战。孙军长已经向何部长申请，愿率41军全体官兵立即开赴前线抗击日寇。你赶紧召开一个全体军官会议，把这个消息告诉大家。"

王铭章立即回复道："是！我立刻就向全军传达。"

不多时，41军召开了全军团以上军官的全体大会。

王铭章对在座的人说道："大家都已经知道了'卢沟桥事变'了吧！你们怎么看这件事？"

抗日英雄
王铭章

　　124师副师长税梯青率先发言："大家都已经知道了，现在成都街头到处都是示威游行的人，大家都高喊着'驱除日寇、保卫家国'。"

　　122师364旅旅长王志远接着说道："日军肯定是蓄谋已久的。从八国联军侵华战争开始，迫使清政府签订了丧权辱国的《辛丑条约》，日本早就想占领中国。1931年九·一八事变后，日本侵占了东三省，1932年3月扶持成立了'伪满洲国'，进攻上海，占领热河。4月下旬又突破长城防线，侵占了秦皇岛、北戴河、抚宁、迁安、卢龙、昌黎、密云、蓟县、唐山等地，强迫中国签订《塘沽协定》，在河北省占据有利的位置，成为其顺利推行新侵略计划的策源地，并由此进一步打开了直接通向平津的道路。他们想占领中国的意图越发明显了。"

"说得对！"不等王志远说完，脾气火爆的3707旅39团团长王麟就迫不及待地发言了，"1935年，日军发动'华北事变'，占领华北五省，加紧对华北的争夺。它的第一个步骤是迫使国民党中央势力退出华北，第二个步骤是策动华北五省自治，妄想把华北变为第二个'伪满洲国'。之后日本又策划了几次事件都是为了尽快占领中国。这次的事件，只是日本参谋部制定的对华侵略战争的第一步。卢沟桥是北平通往南方的重要通道，他们一定是打北平的主意。我们一定要给他们一个迎头痛击！"

王麟的发言使得在座军官们群情激愤，大家纷纷表示愿意出川抗战。王铭章的内心也久久无法平静。

自从1931年九·一八事变后，日本帝国主义的侵略战争，促进了全国民众救亡运动的高涨，王铭章的思想也发生了很大变化。起初，川军近20年的内战打击了他从军的激情，西安事变后，王铭章对国共两党"停止内战，共同抗日"的救国主张衷心拥护。王铭章明白自己担负着一个军人保家卫国的责任与义务，他想起了自己从军最初愿望——把外国侵略者赶出中国。1937年5月，他在给表弟的信中表明了自己为国杀敌、维护民族尊严的决心。信中写道："接来书，欣悉吾弟有志深造，赞佩不已，后有机当为吾弟图之。西安事变和平解决，内战从此结束，今后全民全军精诚团结，枪口一致对外，洗雪国耻，此诚国家民族之幸，亦吾侪戒行殷切之宿愿。此间正按中央整军方案，进行部队编练，以期达到枕戈待战，朝令夕发共赴国难。"他渴望全国的军民共同合作，共同抵抗日本侵略者，雪中华民族百年的耻辱。甚至在此之前，他就已经开始加紧训练军队，时刻等待着上战场，与日军作战。

沉默了一会儿，王铭章对各位在座的军官们说道："在处在国家危急存亡的关头，保卫国土、保护百姓是我们军人义不容辞的责任，我坚决拥护孙军长请缨出川杀敌的决定，我们122 师会愿意担任先头部队。'丈夫誓许国，愤惋复何有'，我们一定要把日本人赶出中国！"

# 第三章　捐躯赴国难

## 第一节　请缨抗日

7月10日下午，军长孙震回到绵阳，再次召开全体军官会议。他对士官们说："这次川康整军会议，是蒋委员长亲自部署的，由军政部长何应钦亲自主持的，目的是精兵简政，缩减人头数，确保精干部队的官兵待遇，改善装备，提高战斗力。会议从5日晚开始，开得很热烈。7月8日早晨，何部长带来了"卢沟桥事变"消息，全场震惊。刘湘主席当即慷慨激昂地发言，要求军队整编服从抗战大局，建议中央实行全国动员，停止内战，枪口一致对外。他还当场表示愿意率两个军立即开赴前线。刘主席一说完，全场热烈鼓掌。邓锡侯总司令也当即表态支持，我已经代表41军当场请缨了。"

说到这里，全场响起起热烈的掌声。

王铭章见状，说道："上次开会时，王麟团长反映的情况，我现在向您报告。我们这个军，当家武器是老掉牙的川造单打一步枪和麻花手榴弹，每个团只有几挺老式轻重机枪，各个团除了几门小迫击炮，山炮、野炮一门都没有，飞机、坦克就更不用说了。这样的装备，实在太简陋、太寒酸，如果就这个样子开上阵去对付机械化装备的日军，不晓得要付出多惨重的代

抗日英雄
小故事

价。昨天听到北平开战的消息后，我想了一夜，觉得必须赶紧请两位军长立即向委座打报告，尽快换发装备。希望能够尽早把装备换了，让大家尽快练习新装备和新战法，早点出川，不要临时抱佛脚才好。"

孙震回答说："我晓得大家都很关心装备的事情，我也很关心这个问题。诸位都晓得，川军的武器是所有国民革命军中最差的，东北军、西北军的都比川军好，中央军的就更不用说了。我们在川北的部队，由于先前防区制的时候购买武器的渠道被川东部队挡住了，装备又是川军中最差的。这次开会，我已经向邓司令打了换发装备的申请报告，何部长说要给我们换美式装备。"

大家立即鼓掌，掌声明显热烈起来。

"但是，由于爆发了'卢沟桥事变'，会议匆匆结束了，这件事情最终没有在会上确定具体办法，但我相信，这件事最终一定会得到解决的。"

"哦！"会场上立即发出一阵强烈的惋惜声。

王铭章说："装备的事情非常重要，我们一定要积极争取。同时，我们也要抓紧军事和政治训练，要有在劣势装备下反击日寇的现代化精锐部队的斗争精神和作战能力。只有这样，以后新式装备来了，才能更好地用它们打击敌人。同时，我们也要要调整战术，在阵地战之外，还要积极地学习游击战。不仅

抗日英雄
王铭章

如此，我们还要整顿军纪，树立良好的军纪军风，把我军和老百姓的关系搞好，做到军民互助，共同抗敌，这样才能增加胜算。"

"说得对！我们一定要通过这次整军，大大地提高部队的政治水平和战斗力，为以后出川抗战作好准备。41军的整军工就交给你全权负责。"

"我一定会好好完成任务。同时，我想当着大家的面，向军座正式申请率领122师出川抗战，并请求担任先头部队。"王铭章当即表态道。

"好！我答应你的请求。"孙震说道。

"好！"下面随即大声喝彩，掌声一片。

第二天一大早，王铭章带着李绍坤乘车前往广汉，拜访邓锡侯所部45军127师师长陈离。陈离和王铭章是四川陆军军官学堂同学，毕业后曾同属刘存厚师，讨袁护国战争时调到邓锡侯支队，川军易帜后驻防广汉、新都，与王铭章所在防区近邻，两人的关系更加亲密。

"哎呀，是铭章啊，好久不见了，什么风把你给吹来啦？"陈离一见到王铭章，高兴地问。

"还不是'卢沟桥事变'和整军的事，你渠道广，消息灵通，专门来向你讨教。"王铭章开门见山地说。

"你问吧！我知道的一定会告诉你。"陈离爽快地说道，还亲自给王铭章倒了一杯茶。

"你看委员长这次会不会真心抗日？"

"哦？一来就是这么严肃的问题呀。"陈离笑道。

"还不是因为'卢沟桥事变'，事关紧急嘛！"王铭章笑道。

陈离说："我认为，抗战已经势在必行。西安事变以后，形势大变，反内战、团结抗战呼声空前高涨，刘湘主席以前是拥蒋反共的，现在也公开支持共产党的统一抗日主张，释放了政治犯。现在，日军进攻平津，战争进一步升级了，已经没有理由不抗战了。中央政府再不积极抗战，可能就不单单是西安事变的问题了，整个南京政府的合法性都会出很大的问题。但是，我担心，日军习惯速战速决，眼下我国却忙于整军，军心不稳，管理紊乱，中央对这次日军侵略行动明显缺乏应有的准备，至今还没有听说过部署有力增援的消息，估计平津很危险。"

"嗯！很有道理。那川军各派的首脑人物为争夺势力范围，混战了近20年，现在却一致要求出川抗战，你看是不是出于真心诚意啊？"王铭章接着问。

"我认为绝大多数人都是真心的。日本帝国主义灭亡我们中国的野心，现在大家都已经看得很清楚了，停止内战、坚决抗战是每支队伍唯一的出路。而且，中国共产党人和一些著名民主人士的积极推动，抗日救亡运动已经在全国开展起来。特别是宋庆龄、何香凝等人发表《中国人民对日作战的基本纲领》

之后，救亡运动更是波涛汹涌，势不可当。我们四川也成立了很多呼吁抗战的民众组织，活动很积极。打了几十年的内战，民怨沸腾，四川军内军外、上上下下都实在不想继续打内战了。国共合作，实行抗日民族统一战线，得到刘主席和不少川军将领的积极响应。反正我和邓司令是不会再打内战了。"陈离说道。

"嗯，很有道理，我也实在不想再打内战了！包括川军之间、川军和中央军、川军和共产党的内战，我都不想打了。一直是同学、战友、老部下、老乡，转眼变成仇敌，互相残杀，实在没意思，还弄得民怨沸腾，引来鬼子入侵的大劫难，我们都有责任。"王铭章说。

"就是。这一次，我们不论说什么也不再打内战了，谁发动打内战，我们反对谁。"陈离坚定地说。

王铭章接着说，"我这次过来，孙军长交给我一个任务，就是要向你这位亲共人士，借一位共产党人。现在抗战大势已定，但距离出川可能还有一段时间，我们打算要抓紧宝贵时间，对部队进行军事和政治训练。都晓得共产党人打仗和搞政治工作都很厉害，不管是激励士气、动员群众，还是游击战术，对付优势装备的鬼子很有价值。现在刘主席公开联共抗日了，南京方面也实际上默认了国共合作，我们想通过你的关系，请一位共产党干部帮助我军。这件事情，你一定要支持我啊。"

"哦，那好嘛。你这个忙，我一定会帮。你这也提醒了我，我这边也要让部队好好学学爱民政治和游击战术。"

"好！那就先谢谢你。"王铭章很高兴地说，"请尽量早点派人过来，越快越好！"

第二天下午，陈离推荐的张晓峰来到德阳122师师部，王铭章和赵渭宾热情接待。三人恳谈了半天，当晚共同起草了一份军政训练大纲，第二天去送给孙震。孙震很是赞同，要求立即实施。

## 第二节　徒步出川

"七七事变"之后，王铭章一直加紧训练41军，为奔赴战场做准备，全军上下都迫不及待。

8月中旬，日军在又在上海挑起战火，对闸北、虹口、江湾等地狂轰滥炸。41军的士兵们听到消息，怒不可遏，纷纷要求上战场杀敌。王铭章对他们说道："孙军长刚才来电话，刘总司令很快就从南京开完会回来了。我们很快就可以上战场了。现在最重要的就是好好训练！"

不仅仅是川军的士兵们急着上前线，四川的百姓们也都希望尽快出兵抗敌，街上天天都有大规模的游行活动。

一天，王铭章在回家的途中正好遇到一支学生游行队伍。

学生们一直盯着王铭章的车看。

"来了一辆小汽车，一定是当官的。我们先过去发传单、贴标语。"一个学生对另旁边两个正在发传单的同学说。

"好！"三个学生说着就跑过来。

"有几个学生朝我们这边跑过来了。"坐在前面的侍卫官李绍坤提醒王铭章和车内的人。

"司机，你把车子停到路边。罗副官，你下去向他们要一套传单。绍坤，把你旁边的车窗摇下来。"

"是部队的车子，里面下来一个军官。"跑在前面的学生跑过来透过车窗往里看。

"还有一个将军呢！"旁边的同学一眼看见王铭章，从肩章上认出他的身份。

"你们是哪个部队的？日寇铁蹄在中国横冲直撞，我们的土地被强占，我们的同胞被屠杀，我们的民族正处在危难中，你们这些当兵的不赶快到前线去抗战，还在街上兜风，还算是军人吗？"一个学生质问道。

"胆小鬼，你出来跟我们说清楚！"另一个学生说。立即有学生和群众围观过来。

王铭章宽容地笑着打开车门。罗辛甲见状，赶紧抢站在王铭章前面对学生们说："同学们误会了，这是41军122师师长王铭章将军。我们这可不是兜风。部队就要出川抗战了，王将军有事去成都，大家不要误会。"

王铭章笑着对同学说："这位同学，把你们的传单发给我一套，好吗？"

"好！来，这是一套。"这位同学赶忙把自己手中的传单和另外一个同学的传单中挑了一下，递给王铭章。

"嗯，不错！到底是热血知识分子，写得好！蛮有号召力嘛！"王铭章边看边说，"我要把你们这套传单带回部队去，让官兵们多抄写一些，在军营内外广泛张贴。"

抗日英雄
王铭章

"好！"有同学喝彩道，立即有人鼓掌。

"同学们积极宣传抗战，精神可嘉。我们的军心和大家是一致的，你们积极宣传抗战，我大力支持！我还要代表国民革命军122师全体官兵向同学们表示感谢！同学们辛苦啦！"王铭章朗声说，接着带头鼓掌。罗辛甲和围观的人群也跟着鼓掌。

"同学们，'七七事变'之后，川军将领都已经向民国政府和蒋委员长请缨抗战了，现在正在按中央的要求进行部队整编和军政训练，只要上面一声令下，我们立即开赴前线，拼死杀敌，不灭倭寇誓不回乡！"

"好！"学生队伍和围观的人群热烈鼓掌。随即响起："拥护部队出川抗战！""王将军万岁！"的口号。

"谢谢同学们的理解和支持，请大家以后继续保持爱国精神，同时也要注意理智。要是因为不必要的误会造成友军误伤，那可就不好了。"王铭章笑着说。

围观的人群都笑起来。先前那两个莽撞的同学很不好意思。

"遵命！长官！"还有人大声开玩笑地说。

"那就好！来，请你两位同学给我这前后车盖上也贴两张标语，好吗？"

"好！"大家高呼起来，随即鼓掌欢迎。

罗辛甲见同学已经把标语贴完，对围观的人群大声说："同学们，王将军有公务在身，还要忙着赶路，请大家让个路。"

"同学们，快给王将军让路！"几个同学跟着喊道。

"游行的同学一直在步行，走得很辛苦，请围观的市民先给他们让路，让同学们先过！"王铭章笑着对大家说。

众人纷纷鼓掌喝彩，随即把道路让开。

王铭章看着游行队伍重新有秩序前进，对关门坐定的罗辛甲说："同学们精神可嘉啊！我们部队里要能多有些这种热血知识分子就好了。唉！但愿这次会后能尽快把装备问题解决了，早点出川抗战。"

8月16日下午，川军将领齐聚礼堂，刘湘亲自主持召开会议，四川省政府秘书长邓汉祥向众人介绍南京国防会议的主要内容。他对众人说道："南京最高军事委员会最后决定，把全国军队暂分为若干个集团军和战区。川军编为第二路预备军，战区司令部设在洛阳，刘公担任总司令官，邓锡侯为副司令。首批出川军队14个师，分为东路和北路两个纵队。41、45、47三个军为第一纵队，沿川陕公路出川，纵队司令邓锡侯，副司令孙震。21、23两个军为第二纵队，沿长江东下，纵队司令唐式遵，副司令潘文华。两个纵队出川后都到河南许昌集结，开拔时间为9月初。两路将士出川后，到许昌集中，由刘总司令统一指挥，集中力量抗战。"

刘湘补充道："41、45两个军装备很简陋，多次请求换发装备，这件事情，我已亲自向委员长面陈了，委员长已经答应研究解决。你们两军徒步出川后，在陕西宝鸡乘火车到达西安，在线换发装备以后再赶去许昌。"

孙震、王铭章等41军将领听了，满心欢喜，下决心一定要奋力杀敌，报效国家。

抗日英雄
王铭章

王铭章回到家里，把这个消息告诉了夫人周华玉。周华玉坐在床边默默地流眼泪。王铭章看着憔悴的妻子，心里感到很歉疚。自己毕业以后回老家看望叔爷，告诉他自己要去军队报到的消息。在叔爷的一再要求之下，匆匆和周华玉成亲。5天之后就离开了家，平常更是难得有机会回家一次。他们从小一起长大，总是妻子照顾自己，现在还要照顾几个孩子。而且妻子的身体不好，自己也不能在身边照顾她。

　　过了很久，周华玉擦干眼泪，对王铭章说："你放心地去吧，家里有我，我会好好照顾几个孩子的，你不用担心。我知

道上战场杀敌，赶走侵略者是你当兵最大的愿望，现在国家有危难，正是你报效国家的时候，我不会拦你的。你还有什么要交代的吗？"

王铭章忍着眼泪，紧紧地抱着自己的妻子，哽咽地说："我走了以后，你一定要好好照顾自己，照顾孩子们，有什么事就找县长帮忙。我想要捐资办一所中学，为家乡培育人才。这次出川，如果我战死了，你就把我的积蓄和抚恤金拿出来，扣除家里的花费和孩子们的教育费用，其余全都拿出来办学校。我刚才去找县长，就是拜托这件事情。"

周华玉终于忍不住哭了出来，对王铭章说："我和孩子们在家等你，你一定要回来！"

## 第三节  渡河入晋

1937 年 9 月 9 日，川军 41 军 122 师在德阳誓师。

这一天，德阳市大街上张灯结彩，贴满了各种各样的抗战标语。学生们打着鼓，吹着号，列队走向广场。民众和各界代表从四面八方汇聚广场。广场里挤满了即将出征的官兵和为官兵们送行的亲友。广场四周彩旗飘扬。主席台上方悬挂着红底白字横幅，上面写着"德阳各界民众欢送出川抗战将士大会"。

在雄壮的军号声中，122 师官兵雄赳赳、气昂昂地列队进入会场，人人精神抖擞。

王铭章代表出征将士发言："诸位，近二十年来，我们四川一直在打内战，不仅让我们自身付出了鲜血和生命的代价，失去了许多的兄弟，另有很多官兵伤残，还给父老乡亲们带来深重的苦难。趁着中国各地都在内战，日本鬼子从背后捅我们的刀子，大举侵略我们国家。我过去不知道为了谁而打仗，为了谁而死，率领部队参加过多次内战。现在想来，我感到非常愧疚。今天我要带着部队出川抗日，是为了挽救国家危亡、民族生存而战。在此危难之际，122师所有将士们都要坚守'停止内战，一致对外'的原则，和全国人民一起，用热血报效祖国，以实际行动赎回二十年来参与内战、危害人民的罪行。我们要下定决心，不把日寇赶出中国，我们绝不生还！"

他望着台下的士兵们说："打仗就会有牺牲，你们这些人中有些人可能永远都回不来。你们谁是独生子？独生子的出列。"他的话刚落下了，台下的士兵相互看看，陆陆续续有人站了出来。

王铭章对着这些士兵说："你们拿着军饷回家去赡养老人。"

其中一士兵站出来，用尽全身力气说道："我们不回去，家里人不会怪我们的，他们支持我们去打鬼子！"

听到这位士兵说的话，王铭章感动了，沉默了一会儿，说道："我谢谢你们，你们是四川的骄傲！"他马上命令人给战士们发军饷，并且交代独生子的发双倍，给他们去赡养家里的老人。

最后，王铭章带领全师官兵在民众面前庄严宣誓。官兵们都紧握右拳，跟着王铭章高声念起由师参谋长才子赵渭宾起草的誓词：

> 倭寇入侵，民族危亡。
>
> 军人天职，卫国保疆。
>
> 全师将士，齐上战场。
>
> 英勇杀敌，不畏强梁。
>
> 愿以鲜血，为国争光。

第二天，122师就踏上了去陕西的路。

在快要离开的时候，许多士兵都回头望望自己的家乡，有的士兵抓起一把土放在自己的衣服口袋里，用来寄托着对家乡的思念。

王铭章将军与几位年轻的士官也回头望望，他说道："孩子们，这一次出川抗日，我有可能回不来了，但你们一定要回来，堂堂正正地回来！"

此时正是夏秋交替的时节，天气渐渐转冷，但是士兵们仍然一律单衣短裤，脚穿草鞋，背一个竹背荚，背荚里一床薄被，一套换洗衣服，两双草鞋。背荚外横放一床两尺宽的草席，挂

抗日英雄
王铭章

一个斗笠。每个士兵肩上扛着川造的简单步枪，斜插一把大刀，胸前捆着子弹袋，腰上挂着手榴弹和水壶。王铭章就这样带着"草鞋军"徒步踏上了抗战救国的道路。

"蜀道难，难于上青天，使人听此凋朱颜！"诗仙李白在千年前就向世人展现了四川道路的艰险。"草鞋军"的将士们一个个踏着蜀道走出了家乡，他们在崇山峻岭中跋涉了十几天，于9月下旬到达宝鸡境内。按计划，川军将从这里乘火车北上，去西安换发装备。

就在川军部队行军的途中，抗战前线的形势急剧变化。

9月13日，板垣征四郎所部日本第五师团，协同日本关东军一部，从内蒙古、河北方向进攻山西东北角和正北面，山西军队不堪日军飞机大炮轰炸，节节败退。18日，日军攻陷重要煤炭基地大同。蒋介石见形势危急，答应八路军开赴山西增援。八路军总司令朱德随即派115师师长林彪、副师长聂荣臻率部驰援晋东北平型关方面。9月25日，刚刚奔赴战场的八路军，在平型关首战告捷！

平型关大捷极大地激励了全国的抗战士气。

王铭章率领部队到达宝鸡的第四天，等来了陈离的127师。他让参谋长赵渭滨跟随陈离去西安联系换发装备的事。随后几天，王铭章命令王志远率364旅先行启程。第二天，王铭章率师部和366旅分乘两列火车一起出发。

王铭章一下火车，就见到赵渭宾和陈离焦急地等候在月台上。赵渭宾对王铭章说："出麻烦了！王志远带着364旅一到这里，车都没下，就被西安行营的人下令原车开赴潼关，从风陵渡过黄河，向山西前线开拔。"

"啊？"王铭章大吃一惊，"还没换装备呢！"

"就是啊！什么也没给！还把我们拦在车站外不让见面！"赵渭宾气愤地说。

"委员长不是让我们川军分东、北两路出发，我们北路先在西安换装备，然后开到许昌会合吗？怎么一下子全变了？现在北方已经开始霜冻了，我们的官兵都还单衣短裤呢。再往北走，还没打仗，人都冻坏了！"童澄说。

"是啊，陈离带我找到他们，他们说西安行营竟然没有给我们准备更换装备。我们赶紧一起又去找西安行营主任蒋鼎文。他拿出一封电报，说是蒋委员长的电令，让我们向山西开拔，受第二战区阎司令长官指挥。我们把川军的情况跟他说了，他却说西安行营没有装备可以提供，让我们找第二战区解决，不能在西安停留。他下令41军各部原车开赴潼关，迅速渡河入晋，找阎锡山解决问题。说完就叫送客。"

王铭章叹息道："唉，刘总司令最担心的事情出现了。南京方面果然想把川军分割使用，借日寇之手消灭非中央嫡系部队，所以一再要求两个纵队在许昌集结，由他统一指挥。现

057

抗日英雄
王铭章

在他的想法落空了。南京政府甚至连装备也不兑现，这个仗怎么打！"

赵渭宾接着说："我已经打听到，整个作战系统都已经改变了。刘总司令改任第七战区长官，我们这个第二纵队也取消了，改为22集团军，邓锡侯任集团军总司令，孙震任副总司令。集团军列入第二战区，受阎锡山长官指挥。"

正说话间，突然车门前一个声音大声喊道："谁是带队长官？"

三人一看，说话的是一个佩戴着西安行营徽记的军官。

王铭章大声应道，"我就是！有什么事？"

来人说道："将军阁下，我是西安行营的，这是我们蒋主任的手令。"

王铭章接过手令一看，上面写着："蒋委员长电令，晋北忻口战事危急，41军先头部队立即原车开赴潼关，经风陵渡支援山西。"

"晓得了。看在前线紧急的份上，我们不在西安下车。回去转告你们蒋主任，我们是主动从川内跑到前方去抗战的，西安行营不但不给我们兑现装备，还不准我们下车休息一下，这真让川军士兵心寒啊！"他气愤地说。

为了抗战大局着想，王铭章还是决定带着队伍进入山西作战。

## 第四节　血战阳泉

王铭章和士兵们没有休息，就坐着来时的火车连忙奔赴潼关。下车以后，王铭章率军步行至风陵渡，准备在这里渡过黄河，赶到山西太原。此时，风陵渡挤满了准备渡河的士兵，大家都要进入山西作战。王铭章猜测山西的战况不容乐观。他向周围的其他部队打听战况，证实了自己的猜测。

原来日军见晋北和平型关方向的进攻受阻，就加大兵力投入，由七个师团增加到十二个，约 30 万人，向河北、山西同时进攻。进攻山西的日军，由晋北大同沿同蒲铁路南下。不久，中日双方在忻口激烈交战。阎锡山指挥部队拼死抵抗，双方伤亡巨大，处于僵持状态。不料 10 月中旬，石家庄战场被日军迅速攻陷，刘峙主力部队，未经激烈战斗便沿着铁路线避退过娘子关，到邯郸以南的安阳去了。日军没有往南追击刘峙，而是转向晋东娘子关进攻，企图包抄太原。

王铭章心急如焚。他对部下说："我们要赶紧赶到山西，一旦娘子关失守，太原就危险了！"10 月 21 日傍晚，王铭章率部刚刚抵达太原，就接到阎锡山命令，让 22 集团军增援晋东娘子关方向，希望 122 师的 364 旅 22 日一早就出发，366 旅下午出发，但是没有提到给士兵们军更换装备的事。

王铭章说道："长官，我们川军出川就是为了抗战，我们一直想要上前线打鬼子，但是我们不能白白牺牲。我们的装备太差了，实在需要一些补给。"

阎锡山没有给出答复，只是一再催促王铭章赶紧出发。王铭章想到战况紧急，为了大局考虑，只好答应。第二天一早，364 旅就出发了，但是 366 旅因为火车不足，三天以后才出发，此时已经和 364 旅失去了联系，王铭章心急如焚。

与此同时，日军炮火排山倒海，镇守娘子关的孙连仲部队节节败退。王铭章带着部下赶到阳泉，和日军进行了第一次正面交锋。

王铭章赶到阳泉时，天已经黑了他们没有惊动县政府，向当地居民问了前往东西回村的路，继续往前赶。

走了一段时间，抵达西回村附近时，先头部队遇到岔路，由于对当地地形不熟，也没有地图，王铭章就派人到附近去找一个当地人带路。

突然，有战士看见远处一个人影在跑，赶紧追过去。那人自称是东回村农户，正准备回家，见到部队，害怕才跑的。

王铭章告诉他："我们是抗日的川军，正在这里和日本鬼子打仗，能不能请你当向导，给我们带路？我们会给你报酬的。"

那人连声说他对这一带很熟悉，便带着部队往前走。

王铭章急于赶路，也没多想，只是招呼最前面的人要多留心一些，不要和后面的部队拉得太远。

向导带着大家在黑夜中摸索前进，突然发现前面有部队，正要散开，向导说是友军，并大声招呼不要开枪。

营长陈永沛主动和对方打招呼。可是，话音刚落，对方突然用机枪猛烈开火。官兵们还没反应过来，就被射倒一片。原来这个向导是日本人派来的奸细。王铭章大怒，抬手几枪将他击毙，随即指挥部队分散反击。

他一边前进一边喊："弟兄们，这是我们出川第一仗，一定要打出川军的威风，不能丢四川人民的脸。"

"好！"官兵们异口同声答道，一起加紧步伐往前冲。

王铭章赶紧指挥部队利用山沟、山坡作掩护，沉着迎战，等敌人步兵冲锋靠近时才射击投弹，打退日军多次冲锋。日军凭借有利地势，用迫击炮和轻重机枪猛烈轰击，我军伤亡惨重。

战斗到天快亮，部队逐渐能直接看清日军的地势和兵力配置。这时，日军的火力也在减弱。王铭章估计日军弹药快用完了，便打算抢在日军逃跑之前冲锋上去进行肉搏。王铭章自己也亲自提了大刀和手枪冲入战场。

部下李绍坤和其他警卫虽然知道王铭章有一些武功，但都还是小心翼翼地保护着王铭章的安全，没有想到王铭章的武功竟然十分厉害。

只见王铭章右手提刀，左手提枪，一边跑一边环顾整个战场，指挥警卫部队攻击日军的指挥官。他一边往前跑一边指挥警卫用手枪向几个企图开枪阻击他们的鬼子射击，鬼子机枪手应声倒下。

日军指挥官正要亲自从被打死的机枪手手中抓过机枪，王铭章一个箭步冲到他面前，一刀往他手上砍下去。这个指挥官反映也很快，赶紧缩手退步，侧身抓起自己刚刚放下的指挥刀，回身刺杀王铭章。王铭章顺势将刀锋一送，避过敌人刀锋，跟着一脚往对方膝盖踹去。

就在王铭章和日军指挥官拼杀的同时，旁边一个日军警卫掏出手枪准备向王铭章射击，跟着王铭章一起冲向敌阵的王建堂看见，他一急，端着刺刀向鬼子冲过去。那个警卫见刺刀冲来，也不顾救指挥官了，赶紧朝王建堂开枪。王建堂被手枪击中，他的刺刀也插入敌人胸膛，两人几乎同时倒在血泊中。

被王铭章踹了一脚的日军指挥官迅速退后一步，提刀反砍。王铭章将刀背斜迎上去，猛力用劲，撞断指挥刀。就在日本军官发呆瞬间，王铭章挥刀砍下，一刀把日本人的头砍飞了，鲜血喷射。

正在拼刺刀的日军看见指挥官被砍掉了脑袋，顿时一片混乱。我军很快消灭了大部分伏击的敌人，只有很少一部分见势不妙逃走了。

王铭章望着逃去的日军，开枪追杀了几个，望着逐渐逃出射程的敌人，露出了胜利的笑容。其他官兵也高举缴获的枪支，欢呼胜利。

跳跃欢呼之间，王铭章看到了倒在血泊中的王建堂，看见战场上到处都是伤亡的川军弟兄，心中说不出的难受，看着官兵们默默地看着自己，王铭章随即下令抢救伤员，清理战场。

过了一阵，731团团长王文振向王铭章报告战绩：该团阵亡 280 人，400 多人受伤，其中，重伤 200 多人。打死日军 104 余人，缴获山炮、机枪、步枪 200 余件，另外，还有指挥刀和少量枪弹。

"打败了日军，大家都是好样的！只是伤亡弟兄太多了。" 王铭章说道。

10 月 26 日，当官兵们将最后一具战友遗体埋葬好的时候，太阳已经升起，火红的朝霞照映在山坡。王铭章看着战士们的墓，带头脱下了军帽，庄重地敬了一个军礼。其他官兵们也都脱帽敬礼，表达对他们的敬佩之情。

王铭章随即带队进入阳泉。这时候传来了娘子关失守，孙连仲率部逃往阳泉的消息。王铭章连忙找到孙连仲，打听 364 旅的消息。孙连仲说王志远带领 364 旅担任掩护任务，迟一点才能到达阳泉。

王铭章焦急地等待，直到傍晚才见到满脸灰尘的王志远带着疲惫的队伍回来了。王铭章赶紧跑上前去和他拥抱："等死我啦！"

"师长，我还以为这次再也见不到你了呢。弟兄们伤亡可大了，还有不少人走散了！"王志远热泪盈眶地说。

"别急，别急，快进屋擦把脸、喝口水，坐下来慢慢说。" 赵渭宾连忙说。

等王志远洗完脸、喝了茶后，王铭章接着说："我带兵打仗几十年，苦战也不少，还从来没有遇到过找不到队伍的情况。出川前刘总司令担心的部队被分割消耗，所以一再要求川军在一个战区内统一作战，现在看来他的担心并不是多余的。"

"就是，现在简直是乱得一塌糊涂，队伍全乱套了，地图也没有，不分团营，各自野战，这样下去太危险了。"王志远说。

"罗副官，你马上去安排部队休息、收容。我和童澄旅长跟王旅长一起研究一下形势对策。"王铭章说。"志远，你说说这几天的情况吧。"

王志远随即汇报了分手后的情况，他激动地说："22 日早晨，364 旅和师部分手后，沿途遭到日军飞机轰炸扫射，火车损坏严重，部队伤亡很大，我只好下令让部队下车步行。傍晚部队抵达阳泉车站后，上面下令要求我们增援孙连仲的部队。那个时候天已经黑了，我们又没有当地地图，对地形和敌情一无所知，我本来打算让部队休整一夜后再出发。但是孙连仲说，白天日军飞机轰炸厉害，最好连夜赶路。我只好带着部队趁夜前行，派 727 团张宣武部摸索前进，728 团紧随其后。夜深的时候，两支部队都与日军相遇，激战到第二天，打退了日军的进攻。后来我们收到消息，娘子关正面已经失守，就互相掩护往回撤。然后接到孙连仲的命令，要我们担任掩护正面部队撤退的任务。由于他们的人撤退的时候毫无秩序，造成我们两方人马交接混乱，阵脚大乱。两军交接防线一下子被日军

抗日英雄
王铭章

冲垮了，伤亡惨重，很是狼狈。"

王铭章说道："这几天的仗，我们虽然打得很被动，甚至有点狼狈，伤亡很大，但大家作战都勇敢顽强，打出了我们'草鞋军'的威风，为四川的父老乡亲们争了光！"

## 第五节　平定之战

攻占娘子关的日军继续派兵向西进攻，孙连仲的部队不断溃逃，部队聚集在阳泉车站附近，准备乘火车转移，川军则由寿阳向东转移。王铭章率领 122 师仍然驻守在阳泉，等候命令。

此时，川军 124 师副师长税梯青也来到阳泉，找到了王铭章。两人相见，分外高兴。

"啊！兄弟，你可算来了！太好了！我还以为再也见不到你了呢！"王铭章精神一振，上前拥抱。随即介绍了自己出川以后的情况。

税梯青说："我师从太原抵达寿阳后，接到命令让我们开赴阳泉，跟你们共同在平定县阻止日军西进。没想到火车开到这里就再也不往前走了。一打听，才知道你们在掩护前面的部队撤退。"

"唉，前线太混乱了！到处都是残兵败将，我们负责掩护撤退，队伍一上来就被分散，指挥体系全被打乱了，伤亡很大。"

王铭章叹气道。

"邓锡侯、孙震两位总司令已经知道部队被打乱，他们都很担心。我离开寿阳时，两位总司令率集团军总部刚刚抵达。孙副总司令有一道手令让我带给你。"税梯青说着从棉衣口袋里掏出一个信封递给王铭章。

王铭章接过一看，上面写着："任命王铭章为41军前线总指挥，统一指挥122师、124师对敌作战。"他苦笑道："黄副长官在指挥部队，我起不了作用。"

税梯青赶紧说："孙副总司令说了，他会和黄副长官商讨指挥系统问题。我集团军总部一定要充分发挥自己的作用。"

"嗯！这样就主动多了，我尽力争取减少损失。"王铭章精神为之一振。

抗日英雄
王铭章

"现在前线情况怎么样？"税梯青问。

"整个前线很混乱，孙连仲的部队负责正面战场，打得很被动，指挥系统已基本被打乱了，队伍混乱不堪。我们的部队负责掩护他们撤退，但我们的部队已经被完全打乱了，少量部队进入铁路正面防线，主要分散在铁路南侧，阻击日军快速部队从南面包抄。我师的各个部队都和日军进行了激烈的战斗，伤亡很大。眼下我们主要的任务就是协同孙连仲部，阻止日军沿铁路推进，并掩护部队转移，防止日军从铁路以南包抄。"王铭章介绍说。

"你看我们 124 师怎么部署为好？"税梯青问。

"你们是生力军，战斗力完好，就部署一个旅到平定县铁路以南，协同孙边仲部防守铁路正面，另一个旅紧随 122 师布防在阳泉以南。你看怎么样？"

"好！那我就把新来的 370 旅吕康部派到平定县去，先前到的 372 曾苏元旅继续驻守阳泉附近。"

"好！你告诉吕康，如果实在顶不住了，就向西南方向稳步撤退，防止日军向南越过他们包抄大家的后路。"

"好！我这就去布置任务。"税梯青说完就走了。

当晚，122、124 师营以上军官会议。先由税梯青宣读了孙震对王铭章的任命，接下来由王志远和童澄分别介绍与日军交战的情况。

王铭章布置了作战任务以后，总结说："我们的装备比日军落后很多，又是第一次和他们作战，缺乏经验，加上整个指挥系统被打乱了，使得这次战斗的牺牲很大，短短几天，整整一个师竟然伤亡近半。我们要吸取经验教训，以后一定要保持纪律、行动迅速，不能像一盘散沙。但是我感到欣慰的是，我们的官兵在面对敌人的时候都很英勇顽强，日军虽然有装备优势，但我们的官兵毫不畏惧，奋勇杀敌，没有让日本人从我们这里讨到什么便宜！我相信我们一定会战胜日本人的！"

说罢，会议室里响起了热烈的掌声。会后，王铭章带领大家连夜进入阵地当中，构筑工事，做好准备工作。

第二天下午，王铭章得到消息：日军先头部队在装甲掩护下沿着铁路开过来，预计有 10 里路程。王铭章让吕康做好战斗准备。吕康亲自到 739 团和 740 团察看作战准备情况。

739 团的团长王麟因在行军途中伤寒、劳累过度和饮食休息不好，病得很严重。他听吕康说日军来了，不但不去后方治疗，反而一定要亲自到阵地指挥战斗。吕康不让他去，他挣扎着坐起来说："要是没和鬼子打一仗就病死了，我死也不瞑目！警卫，快扶我下床！"

警卫随即找来箩筐、扁担，把他抬到了阵地上。

吕康看到这个情况，很是哭笑不得。他用力咬咬牙，叹口气，不再多说什么，只是要求警卫注意保护王团长安全。

王麟要士兵把他抬到最前沿的张超营阵地，他对全营官兵喊话说："各位弟兄，今天是我们 370 旅 739 团第一次和日寇交战，大家一定要沉着顽强，打出川军的威风。"

张超立即带头答道："奋勇杀敌，绝不退缩，为川军争光！"

全营官兵紧跟着呼喊。

不久，日军大摇大摆的开了过来。王麟下令注意隐蔽。见日军进入有效射程，王麟一声令下，全团集中各种火力猛烈开火。

日军只顾追击溃军，没料到正面竟然会有埋伏，猝不及防，死伤不少，仓皇败退。

王麟下令部队停止追击，迅速收拾好战场，准备迎接敌人主力部队。果然，没过多久日军后续部队到达了，对我军发动猛烈的进攻。

我军早有准备，早早地埋伏在附近，等日军靠近时才突然反击。张超营官兵投掷了一阵手榴弹后，迅速地冲入迎面进攻的敌群，用大刀和日军的刺刀展开肉搏战。日军随即包围上来。王麟赶紧指挥全团冲上去。

吕康见肉搏战场敌众我寡，赶紧命令 740 团从侧面增援。该团配备有该旅自造的 4 挺机枪，火力较猛，很快将日军击退。

可是，在战斗结束时发现，最先与敌接战的张超营，已全部牺牲。吕康亲自到现场察看，情形十分惨烈。大多数官兵是被炮弹和子弹击毙的，有的是用手榴弹和敌人同归于尽的，有的是被敌人的刺刀刺透了胸腔，即使这样，他们手中的大刀也砍掉了敌人的脑袋，甚至有的口中还咬着鬼子的耳朵……

傍晚时分，战斗停止了。王铭章和税梯青到 370 旅视察。听到吕康汇报战况后，两人不禁热泪盈眶，随即带着师部军医前往前沿阵地看望慰问。

当一行人去看王麟时，他正躺在床上输液。医生诊断他已烧成肺炎，需要立即转送太原。

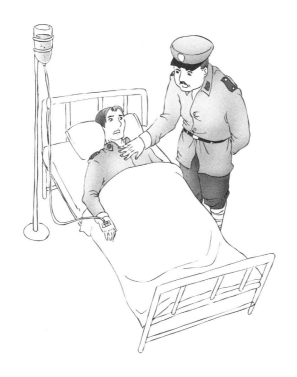

王麟一听，吃力地说："我不去，现在战斗紧张，我要指挥战斗！"

王铭章安抚道："你和鬼子交战的心愿我们很了解，今天你表现得很勇敢，已经是抗日功臣了。你接下来的任务，就是立即去太原把病治好，这是命令，必须服从。我立即派人把你送到火车站。"

刚送走王麟，王铭章正要返回驻地，赵渭滨带着几个警卫骑马飞奔过来，一下马就气喘吁吁地报告："师长，总部发来急报，日军从娘子关外增调大量部队，沿正太路进攻太原，122、124 师已完成掩护军友撤退任务，总部让我们转进寿阳城外南郊，阻挡来犯日军，保卫寿阳。"

10 月 31 日，王铭章率两个师转进寿阳南郊，与孙震、邓锡侯会合。

## 第六节　保卫寿阳

王铭章第一时间向邓锡侯、孙震汇报了战况和军中的伤亡情况，并和他们讨论接下来的作战计划。但是，大家还没有商量好，就传来了日军已经兵分两路逼近寿阳的消息，指挥部让大家做好战斗准备。众人闻讯大惊，王铭章骑马飞快地赶回前线，组织队伍应战。

王铭章一到指挥部，赵渭滨就告诉他："我们刚才在前线刚抓获一个奸细，审讯得知，从娘子关方向突破的日军，分两路西进。在主力部队沿正太路追击的同时，另有一路快速部队由平定县城南抄小路，打算经过松塔向寿阳进攻，企图从后路包抄和歼灭我军。"

王铭章说："刚才会上，邓司令同意了我们原定的部署方案，还把 379 旅调给我指挥，增强一线战斗力。我们完全可以将计就计，趁夜派兵埋伏在松塔附近，给敌人来一个伏击战。如果没有遇到包抄的日军，我们也可以见机出动，从侧面出其不意进攻铁路方向的正面敌军。"

"好！那就这样定了！"

王铭章和赵渭滨带着两个旅连夜抄小路开赴松塔附近，选了一处隐蔽的地方，让队伍埋伏起来。

拂晓时，侦查部队传来消息，日军一支近千人的队伍，已经从大路开过来了，行军速度非常迅速，很快就会到达埋伏地点。

王铭章赶紧到山头观察情况。虽然他有望远镜，他是因为光线不足，很难看看清远处的情况。他下令让全体官兵继续隐蔽起来，不要轻举妄动。

过了一会儿，天亮了一些，他从望远镜看见远处果然出现一支日军队伍在快速前进，但是没有看见日军派出侦查部队。其实，日军中村少佐原本已经派大量奸细侦查过这一带，但是由于我军隐蔽得很好，没有被发现，侦察兵就回报说一路没见到一个中国军人的踪影。

王铭章小声下令到："按预定方案执行。"随即从山头上跑下来，回到原来的隐藏地点。

士兵们紧紧地贴着地面隐藏起来，牢牢地握着手中的枪，盯着前方的日军部队。敌人越来越靠近，战士们越来越紧张，连呼吸都不敢大声。

日军部队迅速向前推进，王铭章看着视线里越来越近的敌人，时时刻刻都想着要扑上前去。眼看着日军进入了自己布置的伏击圈，王铭章一挥胳膊，轻喊一声："打！"

抗日英雄
王铭章

霎时间，机关枪、手榴弹、破击炮、步枪声音大作，响彻山谷，日军顷刻之间倒下一大片，惊惶了好一会儿才想起反击。

中村队长万万没有料到竟然会遭到袭击，赶紧往回撤，找了一个安全的地方观察形势，组织部队防守。

王铭章实战经验丰富，曾经打过很多次伏击战，这次伏击的地点选择很好，易守难攻，地形上占据很大优势，再加上火力部署很严密，日军很难招架。日军快速部队虽然火力很强，但由于毫无准备，猝不及防，狼狈不堪，被我军打得无力回击。勉强支撑了两个小时，眼见始终无法通过我军的封锁，又等不到增援部队，不得不下令撤退。

我军战士们打得顺手了，很想乘胜追击，却被王铭章制止。王铭章考虑到自己的部队对前方地形不熟，天又已经大亮了，很难隐蔽起来，担心日军派兵强攻，派飞机轰炸，不愿贸然追击敌人或到距离我军主力部队太远的地方设伏，避免造成不必要的伤亡。

同时，王铭章也猜到日军一定会派遣大部队赶来报复，决定凭借这个有利地形，增加兵力，再打敌军一个出其不意。于是一面派人骑马飞奔回师部报捷，请长官迅速派兵支援，一面派人收拾日军留下来的武器装备，指挥战士们加固工事，把战场周围布置得更加安全隐蔽，等待敌军的到来。

过了一两个小时，四周仍然没有任何动静。王铭章一会儿用望远镜向前面眺望，看日军大部队来了没有，一会儿向后面眺望，看援军来了没有，但是，两头都不见动静。

到了中午，日军后续部队终于来了。这次日军派出大约一个加强营的兵力，带着几门山炮，来到阵地。日军先用炮轰炸我军阵地。王铭章指挥官兵沉着应战，任凭日军炮轰，只是埋伏不动。

日军指挥官见对手没有反击，以为他们是被炮火压制住，随即下令步兵向前进，近距离和我军作战。

王铭章待日军接近前沿阵地的空地，举起右臂，向天开了一枪，发动攻击命令。枪声响起，官兵奋起反击，向着日军的步兵猛开火。日军步兵见势不妙，纷纷趴下。

日军指挥官见冲锋不利，重新用炮轰川军阵地。王铭章大喊一声"趴下"，战士们又立即趴下躲避。

日军进攻了一会儿，又派步兵做先锋，冲我军阵地，王铭章指挥部队再次反击，阻止敌军步兵前进。就这样，战斗陷入胶着状态。

两军激战到太阳西下，双方死伤无数，我军渐渐支持不住。就在这时，救援的部队及时赶到，王铭章指挥部队前后夹击，合力围攻日军。日军见势不妙，被迫下令撤离战场。我军再次获胜！

傍晚，王铭章指挥部队整理战场，清点、分配了战利品，随后又加固工事，防止日军偷袭，并为第二天的战斗做准备。

通讯连长送来邓锡侯的命令。原来第二战区司令阎锡山电令22集团军于11月5日前到达太原城南的北营、荻村集结，做太原战役的总预备队。邓锡侯让陶凯帅部队立即返回，让王铭章迅速率41军经长凝镇、榆次前往荻村，与阎锡山所率部队会合。

王铭章随即令部队悄悄撤离战场，连夜急行赶往太原。

临走时，王铭章让战士把一些日军的尸体和残破的枪支搬到阵地上，戴上破烂的川军帽子，还顺手放了一个炸坏的望远镜，给敌人造成假象，迷惑敌人，拖延他们进攻的时间。

## 第七节　收复平遥

王铭章指挥122师和124师逐次撤离松塔战场之时，太原的局势日益紧张。为了尽快和阎锡山的部队会合，王铭章下令部队加紧赶路。

11月4日深夜，部队来到一条河前，对岸有一个村庄。河有些宽，测量不出深浅，周围看不见有船，先头部队见村庄里没有什么动静，正在犹豫怎么过河，王铭章已经脱了外衣和裤子，往河里走，亲自涉水试探，几个水性好的警卫赶紧跟上。河水虽然不深，但是冰冷透骨。王铭章下令官兵们三人一组，相互搀扶着过河。在王铭章的带动下，队伍很快渡过了河。

很快，河边的村庄开始有狗叫。没过多久，就有老乡开门出来察看。老乡远远看见是自己的军队，还有不少伤病员，就纷纷出来帮助背伤员过河，战士们很感动。

11月7日中午，王铭章带领122师在榆次北面的郭村与陈离带领的127师会师。王铭章和陈离来不及交谈，两架敌机从远处飞来，在两军上空盘旋了一会儿，扔下几枚炸弹，继续向太原方向飞去。

两支部队没有太大的人员伤亡，稍作休整便一起上路了。没过多久，太原方向隐隐传来猛烈轰炸声。

王铭章和陈离决定加快速度，赶往太原。途中，遇见邓锡侯和孙震率领的部队，王铭章和陈离赶紧上前和他们会合。王铭章和大家介绍了各自的作战经历之后，邓锡侯对王铭章和陈离说："我军已经从太原作传略转移，命令22军到洪洞集合，整理部队。你们也跟我们一起吧！"

王铭章说道；"我愿意带兵在平遥一带作战，分散日军在这一带的兵力，为我军转移做掩护。"

邓锡侯答应了王铭章的请求。第二天一早，王铭章就带部队奔赴平遥。王铭章赶到平遥后发现日军已经占领平遥县城，县长已经逃到山区去了，但是由于缺乏粮草，日军在平遥城内进退两难，不时到附近村庄抢劫和搜刮。

王铭章听到这个消息，想出了攻击这伙日军的办法。他一面派部队换上老百姓的衣服，在城外村庄埋伏，一面设法联络当地政府，组织力量到附近去拆卸铁路，破坏平遥日军逃跑的公路桥梁。

负责联系地方政府的鲁江平，很快找到了县长原平遥。王铭章和县长一起迅速组织群众和部队一起去把铁轨和枕木拆了，用马车和牛车运到师部指挥所附近，还征集一些铁匠、木匠、泥匠，帮助部队利用从晋军仓库得到的黑火药制造手榴弹、地雷和大刀，充实军队的武器装备。

当天夜里，北风呼啸，大雪纷飞。122 师兵分两路，和当地百姓一起大举出动。364 旅的官兵，摸黑在交通要道挖战壕，修工事，在几座去太原的公路桥和小桥下安好炸药。366 旅官兵摸黑走到铁路，在铁路工人的帮助下，卸下连接铁轨的螺丝，把铁轨和枕木抬走。

第二天清晨，王铭章上前线巡视，看见工棚里炉火熊熊，铁轨和枕木都被抬到工棚旁。长长的铁轨在炉火中被烧红后砸断成节。另一些火炉，则把宰成节的铁轨打成片，卷成筒。这些筒被送到另一个工棚，冷却后填入炸药、碎石、小铁片、雷管、导火索，再用黄泥封住两端，成为一枚枚土制手榴弹和地雷。

他开玩笑地说：“鬼子做梦都想不到，我们竟然在它们身后办起了兵工厂。”

“我们还用这些家伙‘慰劳’他们！”县长也幽默地说。

两天之后，城内日军小股部队果然派出一支分队出城找粮。王铭章指挥游击队在老百姓配合下给了日军一次迎头痛击，把日军赶回城里。守在城里的中村少佐听说中国军队只用一个连就把自己的手下打得落花流水，很是气愤，大骂小队长无用，改派一个小队长带一队骑兵立即出城作战。这一百多人又遭到一个伏击，伤亡惨重。

中村想详细了解我军详细的兵力情况，就派奸细混到部队里。王铭章抓住奸细，他对奸细说："我不会杀你的。你回去和中村说，我们川军20万，以及八路军10万人，集结在洪洞和平遥，随时准备进攻。"放走了奸细，王铭章下令366师埋伏在铁路和公路线两旁，阻挡敌人的援军，让364旅派一个团埋伏在城门口。

奸细按照王铭章说的，把消息告诉了中村。中村感到形势不妙，打算据城墙固守待援，结果铁路电话打不出去。正在这时，有士兵赶紧来报告说，大量中国军队开到南门城下，但他们并不立即攻城，只是在城周围守着，像是在等大部队。中村赶紧到城楼察看，果然，没过多久，又远远开来很多人，大约有一个团。这个部队到后仍不急于攻城，好像后面还有大部队过来。

中村开始着急，害怕中国军队在里面的百姓的响应下夜间攻城，咬牙下令弃城，从北门逃走。刚出城不远，就遭到366旅先头部队的伏击。

中村不知道情况，只能拼命往前逃跑。可是越往前跑，中国部队越多，特别是在过河的地方，桥被炸断了，阻击部队特别多。在涉水过河的时候，日军兵马在枪林弹雨中纷纷倒下，中村自己臂上也中了一枪。

但是川军的枪支武器不好，经验又不足，更没想到南面主攻部队的枪炮还没打响，日军就逃走了，并且跑得这么快。他们每个人平均只打出去几枪，总共只扔出几十枚手榴弹，鬼子的骑兵就跑过了，最终只消灭了400多个骑兵，有近200个骑兵逃走了。

官兵们收拾完战场，把战利品抬向平遥城，老百姓还把为过年准备的鞭炮拿出来燃放，胜利的消息传到城内，欢呼声传遍整个平遥城。

这次胜利是整个山西战场上从日军手上光复的第一座县城，还消灭了大半个中队的日军骑兵，缴获了不少健壮的马和先进的武器装备。

王铭章随后率122师进驻平遥，老百姓夹道欢迎，还有不少人送来慰问品。

从11月中旬收复平遥城，直到12月底离开，奔赴山东南部，平遥城一直固守在122师手上。

# 第八节　暗箭难防

10 万川军在晋绥军和中央军的溃潮中逆流而上，来到了山西抗日前线，打出了川军的抗战决心和勇气。战争的艰难没有打击到这些勇士们，但他们在战区的遭遇却使他们感到寒心。

王铭章带着部下出川抗日，时间从秋天到了冬天，天气变得寒冷，士兵们却一直穿着出川时带的单衣，脚穿草鞋上阵杀敌，武器装备没有得到换发和补给。蒋介石的中央军都有卡车和人力专门运送军需物品，川军的军需补给都得自己就地解决，更换、补充枪械弹药的要求无人理会，从陕西到山西，各路军相互推诿，没有人愿意给川军提供武器设备。川军终于被激怒了。只要能弄到粮食、衣物，他们便顾不上部队纪律，溃退时，遇到军械库也砸开大锁，擅自补给。一时间，山西在日军的进攻、国民党中央军的溃败、川军的休整中变得乌烟瘴气。

由于国民党的消极防御，太原很快失守，王铭章也只好随着国民党部队一齐向后撤退。沿途看到晋军一座保存完好的军械库，里面武器装备、军需物资一应俱全。王铭章气得大骂阎锡山，物资舍不得发给自己人，却要留给敌人，于是便动手抢了这座军械库。

第二战区司令阎锡山一个电话打到武汉军委会，控告川军抗日不足，扰民有余，简直是一群土匪。请军委会令川军立刻

抗日英雄 王铭章

走人，离开第二战区。蒋介石听到消息极为愤怒。想把川军调到第一战区，但是第一战区长官程潜不同意川军进入。蒋介石一气之下声称要将22集团军统统赶回四川。

这个消息传回川军，大家气愤不已。

王铭章更是一肚子气，他对其他将领说："是我让人开军械库的，要处罚就处罚我好了，这和大家有什么关系？"

邓锡侯说道："阎锡山是故意排挤我们的，他想消极抵抗，我们川军在这里会打乱他的安排，所以他千方百计地要把我们赶走。"

"难道我们就这样被人赶回四川吗？我们怎么向家乡的人民交代？"

大家一片沉默。

就在第22集团军成了没人要的抗战弃儿，即将败兴回川的时候，我军抗战形势进一步恶化。

1938年12月济南失守，韩复榘消极抗战，第五战区形势十万火急。12日，南京失陷。第二天，日军进行了南京大屠杀，世界震惊。当天，日军越过长江攻陷浦口，并继续向北推进，企图夺取津浦线。韩复榘却在从济南往河南大搬家，不战而逃、弃守黄河北岸防线。

第五战区长官李宗仁见日军大举来袭，向中央请求派兵增援。中央派遣川军去第五战区支援，李宗仁认为川军作战很英勇，虽然武器装备差，但是杀敌报国的勇气令人钦佩，便欣然答应。

邓锡侯、王铭章等川军高级将领事后知道了事情的原委，对李宗仁的知遇之恩感激不尽。他们不愿意就这么落魄地被赶出抗战战场，给四川人脸上抹黑，下定决心要在战场上立功树立川军的威风。

李宗仁在徐州会见邓锡侯、孙震之后，一再向军委会请求，为川军补充枪械弹药，暂时停止川军整编计划。不久，上面就拨给川军新枪 500 支，每军各得 250 支。李宗仁又从第五战区库存中，拨出大批子弹及迫击炮，交两军补充。这使出川以来一直饱受歧视的川军将领深深感动，将士们深受鼓舞。大家积极请战，要求尽早上战场杀敌。

王铭章带着部队到达安徽砀山和李宗仁的部队会合之后，李宗仁召开会议，向大家介绍最新的作战情况。

济南失守之后，韩复榘的主力部队向运河以西溃逃，津浦线徐州以北实际上已经空虚。日军沿着津浦线迅速南下，准备抢占徐州。徐州一旦失守，李宗仁的部队和川军将全都沦为日军俘虏。第五站区的抗战形势不容乐观。大家一起商议如何布防。

李宗仁说："我希望你们川军能迅速填防徐州以北的津浦线，阻止日军南下势头。在经由临城，抢占滕县和邹县，确保徐州安全。"最后大家决定第 22 集团军全部从徐州沿津浦线北上，抢在日军南下之前占据临城，确保徐州安全。

会议结束后，孙震和邓锡侯对部队做出了更加具体的安排。

王铭章接到任务，带领第 122 师立即出发，赶往台儿庄，驻守在那里。

再次回到战场，王铭章内心激动不已，下定决心重振川军雄风。

几天之后，蒋介石亲自赶往开封召开会议。王铭章也被要求参加会议。

会上，蒋介石作出处决韩复榘的决定，赞扬了王铭章在平定县和平遥的战绩。

王铭章心里顿时涌起一股热流，川军受到的委屈在大家的肯定之中渐渐淡去，留下的只有与日军血战到底的决心与勇气。他一回到台儿庄，就立即召集全体军官传达开封会议的消息。他对战士们说："韩复榘贪生怕死，不战而逃，丢失了大片国土，是我们民族的败类，即将受到军法严惩。我们今后的作战任务将更加艰巨，一定会有流血牺牲。只有我们做到不怕牺牲，才能尽可能地拖延日军进攻的脚步，才能取得抗日战争的最后胜利！"

# 第四章  视死忽如归

## 第一节  突袭两下店

1938 年 1 月 4 日，日军占领曲阜和兖州，随即派重藤、福荣两联队沿津浦线南下，分兵两路，分别向济宁和徐州方向开进。1 月 5 日，日军占领邹县。邹县以南滕县，滕县以南就是徐州了。眼看日军向徐州进兵，李宗仁决定将保卫滕县的艰巨任务交给川军第 22 集团军。川军为加强滕县守备，重新调整部署，派遣 122 师、124 师、127 师进驻滕县；任命王铭章为第 22 集团军前方总指挥，统一指挥第 41、45 两军作战，同时负责滕县守备；任命陈离为第一线指挥官，负责指挥防守滕县北香城、界河一线的 45 军部队。

王铭章接到命令后，立刻让 366 旅立即准备开赴滕县东北城前镇和费县所属平邑镇一带，掩护 45 军第一线阵地右侧背，防止驻扎在临沂的敌人从侧面出击；令 364 旅吕康部开赴滕县南北 10 公里的南沙河和北沙河，布置两道防线。他随即率 122 师部行到达驻滕县西关火车站附近的电灯公司大院。

王铭章来到滕县，首先拜访了县长周同、乡绅和各团体负责人，得到了他们的支持，大家表示愿意"军民团结，保家卫国"，共同守护滕县。

王铭章又和赵渭滨等到界河前线与陈离商讨作战计划，二人一致决定：趁日军立足未稳，猛攻两下店，"拜访"一下日军，挫一挫他们的锐气。

王铭章派侦察兵去详细了解敌人的情况。士兵回来说两下店有两百个鬼子的队伍，四门大炮，二十多匹马。鬼子躲在碉堡里，碉堡和炮阵并排，碉堡里的机枪可以俯射我们北面的铁路和从村里进碉堡的路。炮阵和碉堡后面是一个大马厩和草场，再往后就是兵营。鬼子的枪支弹药和食品都藏在碉堡和兵营里。兵营外面用铁丝网隔了一片空地，外面不远处有一个小酒店，鬼子晚上喜欢在里面喝酒。

王铭章听了以后，思索了好一会儿，决定等晚上鬼子都睡觉了，带兵从酒店背后分兵三路进攻碉堡。中路负责摸哨，直扑碉堡，炸里面的鬼子；南路从铁丝网进去后，负责炸大炮和南面的兵营；北路也从铁丝网过去，负责炸北面兵营和烧马厩。三路同时行动，打鬼子一个措手不及。

太阳下山之后，天色渐渐暗下来。但是，月亮很快升上了天空。月光不像前几天那样暗淡，反而很明亮，不利于部队隐蔽，给王铭章的行动增加了难度。

王铭章带着队伍沿着山脊往东走，悄悄从小路绕到敌人的东面。此时，北沙河的老百姓都早早地睡了，只有村子西头那个酒店和日军兵营方向有灯火。鬼子不睡觉，王铭章就没有办

法没法靠近酒店。

　　他下令让战士们在村子外面再等一刻钟，等鬼子喝完了酒，往回走，就跟过去，千万不能弄出声响。

　　潜伏了一会儿之后，王铭章发现天气十分寒冷，战士们的衣服都很单薄，有的战士，仍然是单衣单裤，大家在雪地里埋伏，一个个都冷得发抖。王铭章下令让战士们尽量背靠背贴在一起，相互用体温驱寒。突然，王铭章身边的一个战士头一仰，鼻子一皱，眼看就要打喷嚏，他赶紧用手捂住他的嘴，没有发出一点声音。王铭章看了看表，才过十分钟，他招呼大家再忍一忍。

又过了一会儿，鬼子们才走出酒店。王铭章按计划把队伍分成三只小队，下令开始行动。

他带领一支队伍向正前方冲去。冲到半路，发现两个鬼子突然从酒店里走了出来，王铭章让大家伏在地上，隐藏起来。两个鬼子晃晃悠悠地跑到酒店背后去，对着队伍将要前进的方向撒尿。等到这两个家伙回到店里，王铭章带着人接着往前移动。

"八嘎！八嘎！"突然，又一个鬼子冲了出来，发现了王铭章的队伍，迅速往回跑，并大声呼叫其他的鬼子。

王铭章迅速向他开了一枪。一声枪响，那个叫喊的家伙惨叫了一声，倒在地上。

"糟了！"王铭章苦叫道，"快冲！先消灭店里的鬼子！注意别伤到老百姓！"

这时，已经有几个鬼子从店里弓着身子跑出来，往店后面张望。

"打！"王铭章话音没落，子弹已经出膛了。一连串子弹跟着就把先出来的这几个鬼子全打死了。里面的鬼子再也不出来，只是从窗子和门口往外射击。

这时，营门口的哨兵已经开始往这边射击了，王铭章身边的一个战士被击中负伤，王铭章回过身朝着那个方向连续开了几枪，几个鬼子中枪倒地。

这时，东西两路队伍也已经开始出击，向敌人进攻。正门口的哨兵被七连的人从左侧突然开枪击毙了。但是，由于酒店里的鬼子也集中火力强硬反击，他们没有办法再前进。

"得先除掉酒店里这几个家伙才行！"王铭章说。

"店后面有一个通向厨房的后门。"他身边的一个小战士说道。

王铭章赶忙带着几个人冲到厨房，发现厨房这边也有鬼子，于是掏出手榴弹向敌人扔去。"轰！轰！轰！"三声巨响，厨房垮了一半，两个鬼子被炸飞了出来。饭厅里的鬼子全都跑了出来。

"打！"王铭章高喊一声，战士们拿着手榴弹、机枪和步枪一拥而上，与酒店前方同敌人作战的我军战士配合起来，前后夹击鬼子。

不一会儿，正面的敌人被完全消灭。

王铭章带着人迅速赶往营地外面的铁丝网附近，和另外两支队伍集合。

三支队伍的人一起向里面射击，准备向铁丝网对面冲去，却没有一路成功。营地里面不时传来鬼子的惨叫声，战马也受到惊吓，在里面乱跑、乱叫，不断嘶叫。

日军随即在碉堡上架起一个机枪对准营门这边猛烈扫射。战士们没法从正面冲进去，连忙撤回到门口的战壕里，匍匐下

抗日英雄

王铭章

来。日军不停地进攻，猛烈的攻势让我军战士没法抬头。

　　王铭章下令让士兵们做好隐蔽。等到敌人的攻击逐渐放缓，王铭章立刻下令让战士们向营地扔手榴弹。一时之间，营地炮火纷飞，敌人的惨叫声不绝于耳。

抗日英雄
小故事

　　然后，王铭章下令让一支小队从右边包抄碉堡，进到敌军后方，他带着其他人不断向碉堡进攻，为小队做掩护。

　　最终，我军顺利占领碉堡，消灭了全部的敌人。天亮之后，王铭章让124师迂回进攻，截断两下店和邹县之间的道路，阻断日军援军，让45军373、375两个旅将突围的日军包围在峰山、葛山高地。王铭章率军内外夹击，将日军全部击溃。2月20日，我军收复两下店。

## 第二节　兵临城下

1938年3月8日和9日，日军派遣大量兵力到兖州、蒙阴。3月10日，日军对两下店到界河一带发动猛烈攻击，王铭章组织队伍回击，日军没能突破我军防线。

3月10日清晨，天还没有亮，敌军就派战机向王铭章所在的防区投掷炸弹。炸弹爆炸的巨大响声惊醒了许多正在沉睡的士兵，军营里顿时一片混乱。王铭章下令立刻组织队伍准备应战。

战士们迅速做好了战斗准备。王铭章见敌人只是派遣战机轰炸，没有路上队伍进攻，就下令让每一支队伍找到安全的地方隐蔽起来，避免不必要的伤亡，等待日军第二波进攻。

炸弹的爆炸声此起彼伏，大地不断震动，伴随日军飞机飞过的轰鸣声，让人不寒而栗。王铭章和部队没有撤退。他知道，一旦撤退，界河失手，滕县就危险了。

敌军的飞机终于飞走了。战士们还没有来得及喘口气，敌人的陆军部队就带着大炮拱了上来。王铭章带着队伍到来到城墙附近，在敌人的炮火中寻找有利的反击位置。

等到敌人的火力没有那么猛烈，王铭章立即下令让士兵

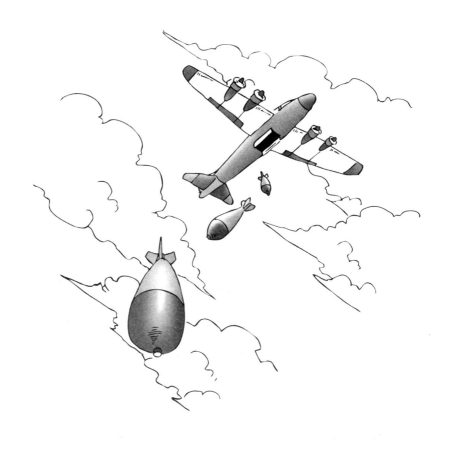

们向敌军扔手榴弹。炮弹和手榴弹爆炸带起的尘土弥漫在整个战地。

日军看见我军一直反击，就派出骑兵队向城内方向进攻。王铭章带领队伍登上城楼反击。日军的骑兵队在我军的枪林弹雨之中无法前进，只能原地反攻。我军在日军的大炮和枪队的攻击下，牺牲很大，但是仍然没有撤退，一直与敌军僵持。

激战一天，日军终于撤退，王铭章带着队伍迎来了又一次胜利。

傍晚，王铭章带人清理战场。日军的战俘说："我们只听说川军的武器装备很落后，作战能力很低，但没有想到你们这么勇猛，宁死不撤退，真让人敬佩。"王铭章和战士们听了翻译的话开心地笑了起来。但是，看着牺牲的战友们的遗体，大家笑不出来了。

王铭章带人将战士们的遗体掩埋起来，大家在坟前向他们敬军礼。王铭章提高了声音对全体官兵说道："我们的武器装备比日本人差很多，我们的兵力也没有他们多，我们的每一场胜利都是战士们用鲜血换来的，我们的牺牲是为了抗战大局，为了全民族的尊严与未来！"军中的士气得到鼓舞，战士们再一次鼓起了上阵杀敌的勇气。

3月12日，总司令孙震随带着几位将领来到滕县，王铭章带领大家视察北沙河阵地。

在前往北沙河阵地的路上，王铭章一行不断地听到日军炮轰运河西北方向的猛烈爆炸声，断定日军来势凶猛。大家认为22集团军兵力不够，要及早向战区司令部请求做好增援准备。

王铭章带着大家刚刚赶到北沙，就遭到敌军的空袭。日军的六架战机盘旋在阵地上方，依次向下投掷炸弹，众人赶紧跑进树林，阵地随后响起猛烈的爆炸声，泥沙飞扬，狼狈不堪。

过了一会儿，日军轰炸机飞走了，王铭章问负责北沙河阵地的张宣武团长伤亡情况。张宣武回答说："官兵伤亡六十余人，一些阵地被毁坏。"

大家随张宣武到阵地视察。只见阵地已经被敌机轰炸得不成样子，战士们都忙着在搬运、救护伤亡的战友，恢复阵地部署。全军上下都知道，一场残酷的战争即将到来。

这时，赵渭滨赶了过来，说有紧急情报。

"我前线部队获得可靠情报，日军将于明日发起对我集团军发动进攻，有飞机、重炮、战车配合。"

众人听到消息，立刻返回集团司令部。途中，陈离和王铭章已开始调动所属部队，迅速进入两线阵地。

孙震对他们说："日军占领南京之后，一直急于打通津浦线，攻占徐州，直逼武汉。这次日军一定会派大量兵力来袭，你们一定要坚持住，为徐州的守军多争取一点时间。"

王铭章回答道："我们一定会竭尽全力，奋勇杀敌，不成功便成仁！"

孙震边让他们回去做好战斗准备，并答应为他们拨一批手榴弹。

王铭章听了很兴奋。在之前的战斗到中，部队的消耗很大，但是一直没有补给，武器弹药严重不足，有了这批手榴弹可以解一解燃眉之急。

王铭章回到指挥部，县长周同又给他带来了好消息。原来，老百姓看见先前来的战士竟然穿着单衣单裤，脚上穿的也是草鞋，深受感动，自发地把家里的鞋和棉袄献出来，给战士们用，县里还决定组织人手为官兵赶做棉袜、棉鞋。

王铭章劝县长带领百姓们离开滕县到安全的地方，周同却说百姓们愿意和川军将士共进退，一起保卫滕县，上阵杀鬼子。

王铭章大为感动，答应让县长带着保卫团的人留下，但是要尽快把老弱妇孺转移到安全的地方。

当夜，王铭章带领全体士兵和滕县百姓，做好了战斗准备，等待着敌人的到来。

## 第三节　浴血奋战

1938 年 3 月 13 日，北路川军重挫偷袭的日军部队，我军伤亡惨重，滕县城防顿时空虚，日军决定挥兵全面猛攻。

王铭章和战士们终于等来了敌人。

天蒙蒙亮的时候，界河前方阵地就受到日军第十师团主力部队的猛烈攻击。我军 127 师的主阵地受到敌军 108 师团的进犯，敌人来势汹汹。

王铭章此前对我军所有阵地做好了战略部署，让陈离和吕康带领部下分别从左右两个方向夹击敌人，虽然日军火力强大，我军战士强烈回击，阵地无一失守。

一个小时后，王铭章询问前线情况，陈离报告说右翼战斗激烈，双方伤亡惨重；左翼吕康报告，进攻的敌人被 127 师阻于石墙一线，370旅阵地平静。王铭章让大家持续戒备，阻挡日军再次进攻。士兵们赶紧作好侧防设施，构筑密集火力网。

很快，日军发动第二次进攻，从济宁方向沿着邹腾公路，从正北面向池头集大举进攻。王铭章知道前面有一处深沟，是鬼子的必经之地，就派出轻机枪班前往埋伏。

这边刚刚埋伏好，日军的搜索部队就开过来了。大家一直等到日军前进到阵地前，守在正面、侧面的人一起开火，日军赶紧后退，死伤很多。

双方僵持了一会儿，日军的大部队陆续赶了来。日军又向我军冲了过来。我军战士们仍等到日军靠近时猛射，想要一鼓作气打退日军攻势。日军赶紧用炮轰，大家都隐蔽不动，等日军再次冲锋时，才给予还击。就这样，我军打退了日军四次进攻。日军见久攻不下，只好后撤。

又过了一个小时，陈离来电话说左翼军阵地告急，敌人增兵石墙，127师主力被包围，请求支援。王铭章立即令吕康派援兵赶往石墙。

午后二时，370旅在正面阵地常峪与日军激战，右翼深井阵地发现敌人步兵和骑兵混合部队，在坦克掩护下向我迅速进攻，该旅全部被正面阵地敌人牵制住，无法分兵抗击混合部队，请求立即派兵支援。

王铭章紧急下令让驻扎在池头集的372旅曾苏元带部队支

援，曾苏元立即令曹文彬率团前往。

曹文彬以勇猛著称，他率团快速赶到深井，乘敌人没有防备，用手榴弹炸毁坦克，猛攻敌军阵地，进行肉搏。吕康部也趁机反攻，两支队伍联合将日军——击退。

孙震获悉日军大举进攻，东路龙山方向和中路普阳山、界河一线形势紧张，要王铭章将驻守南沙河的一个营调往前线增援。王铭章随即电话令122师代师长兼364旅长王志远，让他令该旅张宣武团长率727团两个营立即由南沙河进至北沙河两岸，占领第二线阵地，部署防御工事。

王铭章随即同赵渭滨、王志远等到滕县城内124师、127师部了解城防及前线战况。

他们发现滕县城内虽然已经有两个师部，但是没有战斗部队，这里的城防情形严重空虚，情况十分危险。

首先，滕县城一带的地形很不利于川军防守。金斗山以东及以北、喀喽山及界河以南，特别是滕县附近，为开阔平坦地带，有利于日军战车活动，不利于川军攻守。124师驻守北沙河阵地的372旅余坚团被调走后，滕县城更是随时都有可能被部分日军包抄、很快就会失陷。

王铭章赶紧命令王志远立即率727团在南沙河的另一个营进驻滕县。

就在当天上午，香城方向炮声断断续续，从早上一直打到午后才完全停下来。

正率领部队在界河阵地布防的团长瞿联丞电话告诉各营长，判断日军做威力侦察，即将大举进攻，要各营做好战斗准备，不要大意。但是，日军除了不断派出飞机从界河阵地飞向滕县和临城一带侦察、轰炸之外，并没有大举进攻界河。

实际上，就在香城东南边和西南边不远的普阳山和龙山防线，我军和敌人激战了一天。日军使用飞机、大炮和坦克，对龙山阵地进行了猛烈的轰炸和扫射，预备队伤亡重大，被迫向南撤退。45军125师姚超伦团，也在普阳山被日军包围，被迫趁夜从日军占领的村落之间转移到香城侧面的黄山阵地。

下午六时，王铭章向孙震汇报战况，孙震很是满意，要王铭章代表他到前沿阵地去慰问官兵，传达奋勇抗战的指示。王铭章立即带领罗辛甲、鲁江平、李绍坤前往界河前线。

在45军指挥部，王铭章见到老朋友陈离，只见陈离满身尘土、双眼熬得通红，神情疲惫。他紧握陈离的手："兄弟，你辛苦了，孙总司令叫我代表他来慰问你和各位官兵。"

"最辛苦的是战壕里的兄弟们，我陪你去战壕看望他们。"

王铭章一行每到一处，都强调说："弟兄们辛苦了！孙总司令对今天的战斗非常满意，叫我代表他到阵地来看望大家，

他说咱们以劣势装备抵挡住强敌，用鲜血保住了阵地，非常了不起，要为大家请功。"

战士们热烈地鼓掌。王铭章接着说："孙总司令强调，我们的任务就是守卫滕县，人人要抱着有敌无我、有我无敌的决心，与敌人死拼，与阵地共存亡，绝不让日军向南挺进。"

官兵们报以热烈的掌声，高呼"打倒日本帝国主义""人在阵地在，誓与阵地共存亡"的爱国口号。

在王铭章发现滕县城防空虚的同时，日军也注意到这一点。日军原定的西路突破计划遭到意想不到的顽强抵抗，难以继续推进，但从东路的进攻却十分顺利。与此同时，随着川军预备部队纷纷从滕县县城附近和南沙河一带开往前线支援，滕县县城本身出现了严重的防务空虚。日军于是决定派兵加紧侵袭滕县周围地区，一举突破防线，攻占滕县。

## 第四节　四面楚歌

3月14日，日军兵分四路，向我军进攻，滕县周围地区形势恶化。

拂晓，王铭章下令让王志远率张宣武团第三营连夜赶到滕县驻守北关阵地。命令刚刚下达完，巨大的爆炸声就传到了指挥部。王铭章根据声音判断是普阳山、黄山阵地遭到袭击，连忙联系这两个阵地的人，了解情况。

普阳山、黄山阵地的人把情况详细地地报告给王铭章。

黎明时分，普阳山、黄山阵地的哨兵就听见天空中有飞机声，循声望去，远处有五架飞机陆续从邹县方向飞了过来，在我军阵地上低空盘旋观察，他们赶紧发出防空警报。

日机在阵地上空低空盘旋观察了一会儿后，投下几枚炸弹，将我军阵地变得残破不堪。日军战机然后又飞往滕县方向，很快又飞了回来,盘旋一阵以后，再次投掷炸弹,接着飞了回去。

侦察飞机飞走后不久，日军步兵就开始对阵地发起进攻。

普阳山的战士们看见大量日军骑兵和步兵，带着炮车、装甲车，向我军冲了过来，赶紧从营地跑步进入阵地，投入战斗。

王铭章刚刚了解完普阳山、黄山阵地的战况，电话又响了起来。就在这两个阵地的战士们与敌人交战的时候，龙山、香城、石墙都遭到日军的猛烈进攻。滕县四周的炮火声一直持续到中午。

激战刚刚打响不久，王铭章在滕县城内也听到炮火声，赶紧让王志远前往北沙河视察阵地，了解最新的战况，自己留在指挥部指挥作战。王志远刚赶到阵地，就遇到日军战机的轰炸。由于王铭章此前下令构筑了坚固的防空掩体，日军轰炸虽然远比先前孙震视察时猛烈，但造成的破坏却小得多。

日机离去后，王志远正在询问从前线退下来的伤员和溃军，黄山、石墙、龙山的激战情况，就听见前面界河方向传来枪炮声。

此时，日军部队已经攻陷了香城，从山间沿着界河东岸和南岸迅速南下，一部分与龙山守军交战，一部分从侧面进攻界河阵地，驻守界河旁的一个连随即投入战斗，激战到中午十二时，1、2营守军部分向界河转移，一部分向滕县溃退。

王志远眼看日军迂回到界河阵地背后，并且还有大部队正在从龙山以东向北沙河防线东边迂回，企图直接进攻滕县，十分着急，赶紧派人向王铭章报告。

十一时的时候，吕康旅从石墙退守季寨、大山、小山一线。

中午一时，日军突破黄山阵地一角，分兵向南进攻金山、后屹、王府庄，遭到127师主力强有力抵抗。下午三时，黄山阵地失守，守军转移到龙山阵地继续抵抗。

日军突破黄山后，加大对金山、后屹山127师主阵地的进攻力度。官兵们顽强抵抗，一直战斗到下午五时三十分，日军仍未能击破我军防线。

日军改变战术，分兵一千余人，从龙山、普阳山之间的127师阵地东侧，向阵地后方迂回。陈离接到消息，亲自率领一个营的人前去堵截，日军冲锋失利。

但是，不久之后，日军又向部队增援一千人，并且派出大量部队从龙山、枣庄进攻柳泉庄，用四辆坦克从后面射击，截断滕县至界河的公路。

陈离见抵挡不住，下令127师主力退守龙山，占领侧面阵地，向西侧击，另派一部分兵力从后面追击柳泉庄的日军。随即电话报告王铭章：敌一个旅正在大迂回，从滕县城东北方向调动。

王铭章听到消息，顿时感到情况不妙。他知道此时滕县城内只有122师和124、127师的三个直属特务连，和364旅的一个特务排，这些都是警卫部队，主要使用近距离作战的手枪，真正的战斗部队只有一个营。

王铭章赶紧让一个营从北沙河阵地撤回城内，担任城防。他又随即宣布城内戒严，并将所有警卫人员、勤务兵、警察团都加入到战斗部队当中，参与戒备任务。当时，所有的人员合计也不过一千五百人，主力部队都在滕县外围战斗。

张宣武带营回防，刚离开北沙河阵地不远，就有一批日军向北沙河开进。王铭章下令让他赶紧率部队掉头回去救援，又让刚刚从前线撤回县城的一个团前往北沙河增援，阻止日军突破北沙河，直逼滕县城。

为防备日军从左翼包围，王铭章又令 124 师 372 旅、370 旅从季寨、三山位置后撤，到深井、池头集和在大、小坞村布置阵地，与北沙河阵地形成犄角。

为了解决县城里兵力单薄的问题，王铭章下令让前两天被派往太平邑方向的童澄旅抽调一个营，连夜赶路，回防滕县。

此时滕县情形十分危急，一旦界河失守，滕县就危险了。王铭章赶紧打电话想李宗仁求援。李宗仁命令第五战区预备部队汤恩伯军团驰援滕县，但是也要求王铭章率领军队一定要坚守三日，守住滕县，尽量拖延日军时间。虽然任务艰巨，王铭章还是答应了。

不久，王铭章听到日军从龙山迂回包抄滕县的消息，十分忧虑，马上叫来赵渭滨和 124 师参谋长邹绍孟商议，最终决定将城内两个营调出去增援，366 旅立即回援县城。

王铭章随后把战况报告给总司令孙震，再次请求援兵，接着请周同县长来商议藤县县城的防守问题。

不过一会儿，周同县长赶到指挥部。

王铭章对他说："县长，现在前线告急，日军一个大队正绕过龙山向县城进军，季寨方面的敌人也在向县城推进，城内守备部队全部调到城外参战，已经没有战斗部队了，最多只有一千五百人能参战，您能不能带着县里的民兵团参加战斗？"

周同说道："县里有警察二百人，保安团三人，义勇军二百人，总共七百人左右，全都听从调遣。"

王铭章说："好。我已下令一支队伍往回赶，他们回来之前我们只有依靠现有力量，军民合作，共同保卫藤县。"

## 第五节　战况恶化

1938年3月15日，炮火连天，我军和日本军队在滕县外围激战一整天，日军兵锋直逼城下，滕县岌岌可危。

3月15日清晨，日军飞机就开始对我军进行狂轰滥炸，坦克、装甲车开向各个阵地，隆隆的爆炸声不绝于耳。上万日军步骑、炮兵向龙山、普阳山、石墙、大坞等阵地全线进攻。此外，日军一支装备精良的机械化部队直扑北沙河阵地。

王铭章得到报告后，立即给镇守北沙河的张宣武打电话，调整战略部署。

他说："日军两千余人的机械化部队直犯北沙河阵地，你那里要做好战斗准备。机械化部队只是时间快，短兵相接并不灵活。你要把部队埋伏在铁路、公路两旁，用手榴弹炸掉坦克，再用机枪掩护冲锋，和鬼子近距离拼手榴弹和大刀，尽可能地拖住鬼子。"

不一会儿界河阵地想起了炮火声。激战到上午十时许，界河正面阵地被日军突破，敌人向龙山方向合围。我军奋起反击，但是由于装备和兵力相差太大，我军无法抵挡日军，又坚持战斗两个小时以后，阵地于十二时三十分落到日军手中。日军迅速整顿兵力，向滕县方向挺进。

王铭章接到消息后，在地图前徘徊了一阵，拿起电话打给陈离，告诉他这一情况。

"现在滕县城防空虚，已经没有战斗部队了，请你务必死守龙阳店、东郭阵地，掩护北沙河阵地右侧的部队，阻止日军向滕县突破。"

挂断了电话，王铭章又和左翼部队取得联系。

左翼部队在常峪、金山一线驻守，今天清晨也遭到日军袭击。日军派出步骑三千余人、大炮十余门对我军发动一连串攻击，但由于这一带地形良好，工事坚固，激战至中午，阵地仍在我军手中。

日军见久攻不下，就派飞机五架战机对我军阵地进行低空扫射。守军将士们用刚刚补配的捷克式机枪回击，敌机来不及躲避，一下子被击落两架。

中午十二时，日军增派大量兵力，我军抵挡不住，被迫撤退。

与此同时，北沙河阵地也遭到敌人强攻。

日军派出坦克进攻。一部分守军组成敢死队，带着手榴弹和机枪潜伏到铁道两侧。等到日军坦克开近，他们迅速扑上去，把手榴弹扔到坦克下面。然后，只听"轰"的一声巨响，敌军的坦克被炸瘫痪，无法前进。战斗没有多久，敢死队就炸坏了五六辆坦克。驾驶坦克的日军士兵胆战心惊地从坦克中爬出来，来不及组织回击，就遭到我军机枪手的扫射。日军指挥官见伤亡惨重，赶紧撤退。

下午二时三十分左右，龙山阵在敌人强大火力中失陷。阵地剩余官兵退往滕县城东北远郊龙阳店、北明、东郭一带，尽力掩护北沙河阵地右侧的部队，作为滕县外围作战的最后支撑。

但是，日军大部队紧紧咬住龙山溃军，不断追击，使得部队无法稳住阵脚，被迫退至滕县城东北的城头镇及以南高地。

下午五时左右，日军先头部队已分别进至滕县东北十余里的冯河、龙阳店一带，从池头集和大小坞村方面渗透的日军，也陆续抵达这里。天黑以后，日军主力部队开向滕县东北角。

王铭章看到数千日军部队一方面从东北角山地为据点，对滕县部署攻势；一方面阻隔了从龙山和从太平邑方向回援的部队，滕县局势十分危急。王铭章内心十分焦急，盼望王文振带领一个团尽快回到滕县，加强防守力量。

回援的队伍刚刚到城前，就遇到一支我军的队伍，收到日军已突破界河并占领滕县东北三十里的龙山的消息，王文振赶紧率部改变行军路线，从东沙河回援滕县。但没有想到在城头镇西南约三四里的长巷村附近，与一支日军部队相遇，双方展开激战。

日军利用坦克和装甲车的优势装备，猛烈冲击既没有重武器可以抵御，也没有防御工事的王文振团，切断他们和滕县城内指挥部的联系，阻止部队向滕县方向增援。

王文振团被冲散后，从滕县以东朝着南部山地步步溃退，一直退了四十里，才于第二天在官桥稳下来。两天以后，部队赶紧沿铁道向滕县回援，在南沙河又遭到了日军大部队的阻击，被迫退到峄县。

失去和王文振团的联系以后，王铭章十分焦急。此时形势更加紧张。

日军大部队在滕县附近已经集合完毕，不久就会直接进攻

抗日英雄
王铭章

县城。此时此刻，滕县城内守军不足，虽然有县长周同率领的700多人的队伍，但战斗力十分薄弱，而且援军汤恩伯军迟迟不来，滕县形势十分危急，迫在眉睫。

王铭章打电话向孙震求援。

"总司令，日军一个先头部队部已经攻占了县城东北十里的冯河，大军集合完毕，即将攻城。我们现在的处境十分困难，部队全部胶着在前线，调不进城，支援的366旅和我们失去了联系，一定是中途受阻，被日军阻挡在外围，进不了城，没有援军，我们孤城难守啊！而且，前方部队持续作战，没有补给，伤亡很大，武器装备损耗很大，快没有子弹了。希望总部能尽快派兵支援。"王铭章说。

"我这里没有部队可以调给你。这样吧，总部只有一个特务营。我留下一个连作总部警卫，其余全部调给你，让刘止戎营长率部连夜出发，再把刚运来的一车皮手榴弹也给你，你一定要把滕县守住。"孙震回答道。

"好！赶快运过来！"王铭章放下电话，立即命令三个师的特务连跑步到指挥部集合，给特务连布置作战任务。随后王铭章随即又带李绍坤到县政府找周同，布置县城民兵的守卫工作。

从县政府回指挥部的路上，王铭章边走边想："依靠滕县现有的兵力，很难抵挡日军，如果没有援军，自己就只能带着全体战士拼死作战，为主力部队多拖延一些时间。捐躯赴国难的时候到了！"

周围静悄悄的，漆黑的夜色仿佛都染上了火药味，城内的所有人都默默地等待一场恶战的来临。

## 第六节　紧急布防

滕县的局势越来越紧张。

王铭章决定一面等待援军，一面带人紧急布防，加紧修筑沟壕堤坝，修缮工事，做好战斗防御工作。

第二天一早，县长周同带着一位老人来找王铭章。

王铭章吃惊地问："老先生，你怎么还没出城啊？"

"我是来向周县长请战的。"老人笑道。

王铭章说："老人家，日军马上就要攻城了，你还是赶快出城去吧！"

"国家兴亡，匹夫有责。城乡青年早已经组织好了队伍，敌人进攻在即，他们都愿参加守城战斗，与县城共存亡。我也要求参战。"

王铭章反对说："山东父老的爱国热情让我很感动，但你们毕竟没有经过军事训练，比不上民兵团，战斗力有限，挽救不了大局，一旦封城，就出不去了。我们是军人，军令在身，让我们留守在滕县，即使战死，我们也不能离开，必要与城共存亡。你们不一样，我不能眼看着你们困在城内。你们还是到城外打游击，参加运输队、担架队都可以，绝不能困在城内，等着日军狂轰滥炸，白白送死。"

老人很是感动，但坚决不同意撤退。县长想了一个折中的办法："这样吧，城外的青年都不再进城了，城内的民兵可以和保安团一道参加守城。"

王铭章只好同意。

这时，总部传来了消息：汤恩伯的救援部队已经连夜赶往滕县，先头部队的一个团已经抵达滕县附近的临城；特务连在刘止戎营长的带领下已经火速赶往滕县，并为守城的将士们带来 2000 箱手榴弹。

王铭章和战士们听到消息振奋不已。

然而，就在此时，侦察兵给王铭章带来了一个不好的消息：日军大量集结在距离城北 10 里远的冯河处，很有可能在今天晚上到明天清晨进攻滕县。

王铭章赶紧下令让张宣武带领部队通过北沙河铁路大桥，回防滕县。他还叮嘱张宣武过桥之后将桥重新炸掉，避免日军通过这里进攻县城。

张宣武率部炸掉北沙河铁路大桥后，跑步赶到县城，赶紧去见王铭章。此时已是晚上七时左右，王铭章正在城门外等着他。王铭章赶紧把城内情况和援兵情况对张宣武简要讲了，让他立即部署城防，以两个连担任城东、城北防卫，剩下的人为预备队。

张宣武部队的带来，让王铭章松了一口气。但是他突然发现到最接近东门外日军的东关一带，位置非常紧要，必须抽调兵力部署到那里，利用寨墙构筑防御工事，但手下没有足够兵力。

这时，731团第一营营长严翊带着部队赶到。虽然严翊的队伍作战能力不高，但王铭章仍然很开心，赶紧命令严翊带人到县城的东关防守。

严翊立即到东关察看地形，然后将两个连配置在东关阵地，一个连作为预备队。

一切准备就绪之后，已经是晚上十点，部队一直没有来得及休息，不停地连夜赶筑工事，挖战壕，修建隐蔽点。

半小时之后，从临城的最后一趟火车开到了滕县。刘止戎带着三个手枪连带着手榴弹，还有大量枪弹和粮食，下车之后立即与王铭章会合。

王铭章看到刘止戎带着武器装备来了，十分激动，立刻安排他到城墙上布防。

不过，刘止戎却悄悄地向王铭章等报告了一个非常重要的消息。他们这趟火车路过南沙河时，见到汤恩伯的先头部队抵达南沙河之后，不再前进。他们上前打听情况，听到对方说汤恩伯的先头部队要等到司令部到达才继续北上作战。并且，还有传言说，汤恩伯只是奉命增援鲁南，并不是奉命增援滕县。

王铭章和几位师旅长、参谋长一听，都感到十分震惊。他们立即研究形势，认为凭借眼前的兵力和装备，不能同日军硬拼，也不会取得胜利，只能协同汤恩伯军团作战。

王铭章随即打电话给孙震，向他了解援军是否会前往滕县，并汇报了大家的意见。孙震当时也不了解情况，他压根儿就没想过专程派来增援滕县的汤恩伯兵团竟然有可能不去滕县，就答复说援军当然会来，要求王铭章固守县城，等待援军。

王铭章虽然有些疑惑，但还是决定服从命令，加紧城内的布防，等待援军。

这时，时间已经是 3 月 15 日深夜，战士们没有休息，而是连夜排阵，挖沟壕，筑高地，建造隐蔽点，做好防守准备。

## 第七节　死守东关

深夜，王铭章一直没有入睡，而是在指挥部研究敌情。

他知道滕县目前只有一个团部，三个营部，还有临时来城领运弹药的 124 师一个步兵连，总共只有十个步兵连和一个迫击炮连，另有师、旅部的四个警卫连，兵力只有二千五百人，

加上县长周同所率武装警察和保安团，一共只有三千多人，各师部的通信员、文职人员和随军力夫也被安排到前线队伍当中，真正的战斗部队还不满两千人。敌人一定会趁机进攻滕县，如果援军不能尽快赶来，一旦开战，自己和守城的战士就很可能全部牺牲掉。

但是王铭章没有感到害怕，他想到自己从小就立志报国，赶走侵略者，这次正是一个报效国家的好机会。自己一定要带着战士们严守滕县，拖住日本人进攻的步伐。

和王铭章猜测的一样，1938 年 3 月 16 日，上万日军开始猛攻东关阵地，企图从东关打开缺口，进攻滕县。张宣武、严翊带领部下奋力死守。

3月16日凌晨，天还未亮，月光中，东关哨兵发现远处有一群黑影在往这边摸索前进，立即做好射击准备。

等到黑影一靠近，哨兵大声问道："哪部分的？口令？"

黑影回答说："我们是城里老百姓，回家拿点东西。"

连长赶紧叫官兵们别开枪，放他们进城，同时警惕有诈。黑影继续向前移动，突然拿出枪向守军猛烈扫射。守军早有准备，迅速还击，很快将这二十多人打退。原来，这是日军派来侦察我军东关阵地的奸细。

凌晨六时，日军炮轰东沙河高地，十二门大炮不停向东关、西关火车站和城内发射炮弹。同时日军出动十架飞机在县城上空，疯狂投射炸弹。一个小时之内，就向我军发射三千余发炮弹。

日军开始袭击的时候，我军没有做好准备，伤亡惨烈。严翊赶紧指挥官兵进入深壕，避开炮火锋芒，等待时机还击。

王铭章从122师指挥部打电话询问东关情况。张宣武告诉他，日军只是在炮轰，步兵还没开始冲锋，预计炮轰之后就会进行。

王铭章找到赵渭滨，和他交流对整个滕县防御形势的看法。

赵渭滨说："东郊日军主力即将大举进攻，大战迫在眉睫，汤恩伯援军又迟迟不来增援，眼下的应对方案有两个，一是死守孤城，二是出城机动作战。"

王铭章决定留战斗部队守城，自己带几个师部都到城外，机动作战。这样不仅伤亡会小一些，还有利于县城防守，从外围广阔战场拖住日军。他深知，先前太原之所以很快失守，除了秩序混乱，主要问题就出在消极防御，困守孤城。只有阵地战和运动战相配和，城内城外相夹攻，才能更好地牵制日军对城内的进攻，延长城防时间。

王铭章随即打电话给孙震，向他报告这个计划，同时询问援军什么时候到达。

孙震告诉他汤恩伯的先头部队王仲廉军昨天中午已经抵达临城，后续部队正在往这里赶。

王铭章松了一口气。

但是孙震不同意王铭章率军到城外，坚持下令要所有人在城内战斗，死守滕县。

王铭章只好取消原先的计划，将部队留在城里。

他对张宣武说："张团长，你立即传令全体官兵，我们决心死守滕县城，我和大家一道，城在人在，城亡人亡。让人立即把南、北两个城门堵死，东、西城门暂留做交通道路，但也要做好随时封闭的准备，没有我的命令，任何军人不准出城。"

上午八时左右，日军又开始对滕县城内进行长达两个小时的炮击。王铭章带领大家隐藏到事先挖好的战壕里，日军的进攻没有造成太大的人员伤亡。

抗日英雄
王铭章

十时左右，日军又集中炮火猛轰东门的南半部，突出来的部分炸开了一条十几米宽的缺口，日军立即派装甲联队的坦克分队掩护步兵向缺口冲去。

跑在最前面的坦克快要接近战壕时，严翊带着手下的敢死队立即从土堆里爬出来，抱着手榴弹，将坦克炸毁。后面的坦克见势不妙，赶紧往回撤。严翊赶紧带人去补缺口。

日军随后又派兵用数十挺轻重机枪，对准缺口扫射，阻止守军堵缺口。严翊赶紧指挥守军退下来，埋伏到缺口两侧一动不动。日军机枪手一停止射击，烟尘还没散尽，守军又立即往缺口处冲去。

硝烟散去，日军纷纷跳进缺口处，隐藏在缺口的战士们听到营长一声令下，一齐扔出手榴弹。两三百个手榴弹在几秒钟内向敌猛投过去，将敌大部歼灭，剩下的十几个日军赶紧逃离。

大家还没有来得及喘口气，日军又发动了第二次冲锋，同样被我军用手榴弹炸了回去。

严翊赶紧调动调整兵力，令一线官兵退下来救治伤员，喝水、吃干粮，进行休整。换上预备部队抢堵缺口，修复工事，补充弹药。

王铭章带着张宣武等人赶到东关前线察看，慰问和勉励官兵。

一路上，他目睹昨天下午刚走过的店铺林立的东街，已是一片废墟，有的房屋正燃烧，浓烟滚滚，地上密密麻麻地遍布弹坑。东关外，躺满了伤员和死去战士的遗体。医护人员正用担架将一些伤兵往战地医疗所抬。

快到东关时，王铭章听到战壕里传出了嘹亮的歌声：

向前进，别退后，

生死已到最后关头。

同胞被屠杀，

土地被强占，

我们再也不能忍受。

向前走，别退后，

拿我们的血和肉，

去拼掉敌人的头，

中国的土地一寸也不能失守。

王铭章走近一看，是鲁江平指挥战士们放声高唱，他也跟着唱了起来。我军士兵的士气大振。

不久，日军的炸弹又在我军阵地爆炸，日军开始进攻了。

张宣武叫道："师长，鬼子的冲锋又开始了。这儿太危险，你快回师部指挥所去吧。"

"我是总指挥，应该比你们更不怕死。"王铭章冒着弹雨继续在战壕里巡视。

抗日英雄
王铭章

敌炮猛烈轰击东关二十分钟左右，刚刚封堵的缺口重新炸开，并且扩大，步兵又开始冲锋。严翊见日军冲进豁口，指挥郭墙内外的守军一齐向豁口内的日军投掷手榴弹。不一会儿，缺口内外的日军又被炸得惨败，只有少量逃走。

王铭章目睹这场漂亮的歼灭战，握着严翊的手，鼓励说："不错！打得漂亮！"

下午二时，日军再次发起进攻。这次，日军改变了战术，他们在继续进攻东关的同时，向东关两侧炮轰。很快，东北角、东南角被炸开。日军同时从正面、东北角、东南角三面进攻我军，战斗异常激烈。

王铭章果断下令让 124 师抽调两个营快速进城增援东关。他拿起电话机摇了一阵子，却怎么也摇不通。他大发雷霆，斥责通讯排长。

通讯排长无奈地说："从早晨到现在电话线已被炸断了二十多次，刚刚又被炸断，我立即去接通。"说完就跑出指挥所，钻进战火里去了。

过了一会儿，电话通了。124 师对王铭章说两个营已经返回，但是路上受到了敌人的拦截。

王铭章正着急，驻守西关火车站的 124 师 370 旅 743 团第 11 连奉命回城领取弹药，王铭章让他们和 122 师师部特务连立即到东关救急。

五时左右，日军在濑谷旅团长亲自指挥下实施了又一轮进攻。

这次，日军把大炮增加到三十门，和战机一起集中攻击东关正中间的东阁门。日军冲锋的步兵也采取波浪式进攻。他们一次冲上来三个排，相距约一百米，等到最前面的一排被我军击毙以后，第二个排又冲上来了，等到第二排坚持不住的时候，第三个排又再次冲了上来。我军只好放弃使用手榴弹，和敌人进行肉搏，伤亡惨重。

晚上八时，日军撤退，外枪炮声渐渐变小，最终消失。东关寨墙内外，密密麻麻地堆满了中日双方战士的尸体。

## 第八节　孤立无援

16日晚上九时，王铭章找到张宣武，了解一天的战况和伤亡损耗情况。张宣武报告说我军伤亡惨重，如果再没有援军，很难再次抵抗敌人的进攻。王铭章让他回到阵地，整理队伍。

十时，张宣武刚离开总指挥部，有战士跑来报告王铭章，说西关车站附近发生小规模战斗。王铭章到西门城查看情况，刚接近西城门，就听见城外传来嘹亮的号角声。

原来是吕康、曾苏元带着各自的队伍突破敌人的防线，进入县城。不一会儿，驻守洪疃、高庙、北沙河的727团的1

营和 2 营也赶回县城。

王铭章根据敌我情况变化，召开会议，对我军重新进行部署安排。王铭章让 370 旅旅长吕康 739 团迅速接替严翊，负责守卫东关，由 739 团团长王麟负责指挥；72 旅曾苏元旅长带领 743 团镇守西关火车站，为总预备队，再派一部分兵力守卫西关；吕康带领手下一个营和 41 军特务连守卫南门到东南城角一线；张宣武和严翊负责东北城角到北门的防守工作，由张宣武指挥。王铭章还叮嘱各支队伍多扎云梯。

大家接到命令，立即进入各自阵地。由于城内储备的粮弹充足，当夜各部队都得到充分补充。各支队伍不顾疲劳，拼命修整防御工事，挖防空洞，捆绑云梯。

王铭章让各部官兵扎云梯，是因为城墙高而陡，从里面登城只有四个城门旁各有一条坡道，守城部队上下不方便，有了云梯，就可以减少上下的时间。

预备部队也连夜搬运子弹，打开手榴弹箱子，揭开手榴弹拉火绳上面的盖子，方便战士们使用。一直忙到天亮，整个部队也没有休息片刻，抓紧时间做好作战前的一切准备工作。

当晚，日军不时炮轰城内，对我军进行干扰。滕县城守军置之不理。大家相信，只要撑过明天，汤恩伯的援军一到，滕县的危机就解除了。

川军将士们没有想到，他们翘首期盼了两天的援军此时已经离他们远去了。原来今天中午，汤恩伯已经带着部队进入临城。孙震立即找到汤恩伯，让他火速派兵增援藤县，解救被围困三天三夜的 41 军三千多官兵。没想到，汤恩伯拒绝了孙震的要求。他说在路上确实接到了李宗仁转达的蒋介石的命令，让他增援滕县，但是日军已经越过滕县，占领了县城以南的南沙河，战局发生了变化，他决定带兵向枣庄方向前进，支援台儿庄。随即离开了临城。滕县官兵等待援军的希望落空了。

孙震立即把这个消息告诉王铭章。王铭章挂断电话，沉默了很长时间。他担心战士们如果知道了这个消息，会产生绝望的情绪，影响部队的战斗力。但是，战士们面对的是一场艰苦的血战，很有可能牺牲，如果不告诉大家，就是欺骗，对不起战士们的牺牲。王铭章最终决定把这个消息告诉大家。

拂晓前，王铭章召集滕县城内 41 军所有的旅长、团长、营长开了一个短会。

他严肃地对在座的人说道："从 3 月 14 日到 16 日，日军不断对我们发动猛烈的进攻，我军官兵誓死守护阵地，牢牢地守卫滕县，已经完成了中央要求我们死守三天的任务，我军士兵表现出了英勇的大无畏精神。我现在要告诉大家一个不好的消息，汤恩伯已经带领部队离开了临城，赶赴石家庄，我们已经没有援军了。但是中央仍然要我们坚守阵地，在滕县拖住敌人，保护徐州，为徐州军队的布防赢取更多的时间。"

抗日英雄
王铭章

在座的人一个个表情严肃，默不做声。

王铭章环视一圈众人以后，对大家说："现在我们的任务就是誓死保卫滕县，拖住敌人。我们很可能就此牺牲，但是，就像诗里说的，'人生自古谁无死，留取丹心照汗青'，我们的牺牲是为了整个民族，是英勇而伟大的，历史永远不会忘记我们。只有不怕牺牲，才能赢得抗日战争的最后胜利。我希望我们川军的战士们在这个危急的关头，能够把个人的生死置之度外，抱着必死的决心跟敌人抗战到底。我和大家一样，会坚守在滕县，绝不后退！"

全体士官们深受鼓舞，纷纷表示要誓死守卫滕县。

日军见对滕县已经发动了三天的猛攻却依然没有攻下，日军长官矶谷廉介大发雷霆。16日夜里，他下令调集10师团和108师团共三万人的兵力，配备大炮70门，战车50辆，飞机20架，向滕县东、南、北三面同时发起总攻。

17日早晨天一亮，日军就发动所有的大炮和战机，对滕县展开密集的火力攻击，拉开了一天战斗的序幕。滕县一时之间处在枪林弹雨之下。城内硝烟弥漫，大片房屋倒塌，战火遍地，火光冲天。

王铭章立即组织队伍回击，决心和敌人血战到底。

# 第九节　捐躯古城

战斗开始不久，日军就轰垮了县城东门附近两处城墙。王铭章赶紧下令让王麟加强东门的防守，并且亲自和战士们搬运沙包和盐袋，用了一个多小时就把缺口堵住了。随后又在城门洞预备了一些，准备随时封堵洞口。

日军随即开始用数十门大炮猛轰我军。一时间，爆炸声震天动地，顷刻之间，城内外火光冲天，到处房倒屋塌，整个滕县城硝烟弥漫，大街小巷被炮火炸的残破不堪，东门地区在一片火海中成为废墟。不少城上守军和城内官兵被石头尘土活埋，也有很多人被烈焰烧死烧伤。

两个多小时的轰炸之后，东门内外全部变成焦土，围墙出现许多缺口，防御工事严重毁坏，战士们伤亡累累。

王麟在第三次组织反击的时候，被从东南角缺口处进入的日军开枪打中头部，当场牺牲，东门随即失守。

日军转向南门进攻。南门城墙很快被击垮，敌人蜂拥而入。吕康带着部队奋力反击。

日军用大炮向我军发射制造大火的烧夷弹，烧毁城内大片民房。城内霎时间烟尘弥漫，士兵们连眼睛也睁不开。日军乘势用俯冲轰炸机和十多辆坦克，掩护五六千步兵发起对南城墙防线的冲锋。蔡钲营第三连迅速冲上城墙增援，顶住日军向城

抗日英雄
王铭章

内冲锋。全连官兵前赴后继，几乎全部阵亡。

王铭章收到消息，赶紧和赵渭滨带人往南门察看。他们远远看见南门城楼已被日军炮火摧毁，城楼上的机枪阵地已经移到城楼右侧，吕康正在指挥部队抵抗。

王铭章立刻率随行卫士冲上旁边的缺口处，加入战斗。124 师的官兵见王铭章亲自参战，大受鼓舞，更加勇敢地投入到战斗当中。

日军后面的机枪手见王铭章带人支援，就用机枪往王铭章这边扫射，一颗子弹打中王铭章右臂。

赵渭滨和旁边的卫士李绍坤赶紧过来把王铭章拉到旁边包扎，大家都围了过来。王铭章看了看，笑着对周围的人说："只是擦伤，不要紧，大家不用管我，都继续战斗！"他只留下李绍坤为他包扎，之后又继续投入战斗。

两个师的官兵深深感动，几个战士一起使劲同时扔出几枚手榴弹，把远处的日军机枪手连同那挺机枪给炸得粉碎。日军这次冲锋很快被打了回去。

战斗一结束，官兵们都纷纷过来看望王铭章。王铭章说："我的伤是皮毛轻伤，没事，大家不用担心。倒是战士们死伤惨重。"

他带着大家一起去看望其他受伤的官兵，激励他们顽强战斗。

王铭章对战士们说："我今天大家表现的很英勇，我为大家感到骄傲，全国人民都会为我们川军感到骄傲。鬼子越是对我们加紧进攻，我们就越是坚定信心，拼命抗战，誓死保卫国家！请各位抓紧时间休整，完善阵地，随时做好准备打退鬼子！"

官兵们受到激励，纷纷高喊"王师长万岁""川军万岁""中国必胜"。王铭章也挥舞胳膊，跟着高呼"中国必胜"。

之后，王铭章带着赵渭滨等人回到指挥部，留下吕康继续指挥。

日军很快又发动进攻。吕康一边选派勇猛士兵数人，潜伏在缺口旁边向外投掷手榴弹，间隔一分钟投一次，使敌无法接近缺口，一边下令调集盐包堵塞缺口。

由于我军伤亡过重，战斗力大减，敌军很快突破南门，守城官兵抵挡不住，日军纷纷从几个缺口冲上城墙。

张宣武听说日军攻入南门，赶紧派两个营冲过去增援。

但日军冲进城的人实在太多，又在城墙上居高临下，以强大的火力掩护先头部队进攻。守卫南门的士兵和援军被迫退到南门东北两侧的城墙和城门北面的城内，借助倒塌的房屋做掩护，与日军对峙。

张宣武连忙赶去向王铭章报告。王铭章此时正在和大家讨论战况。

"报告！师长"，张宣武冲进指挥部，上气不接下气地说：

抗日英雄
王铭章

"日军进城了！"

"怎么这么快就冲进来了？从东边进来的？"全屋子的人都吃惊地站了起来。

"不！南门！南城墙被日军炸出了一个大缺口！"

等到王铭章带人赶到南门，南门已经失守。正当大家准备撤到北门的时候，传来了北门失守的消息，县长周平以身殉国，民兵团的人大多牺牲。

王铭章决定带人守卫西门，因为西门是和外界联系的唯一一条通道，十分重要。但是下午五点左右，日军已经占领西门，王铭章带领大家到西门和敌人作战。

西门城楼日军枪炮猛射，大家一边反击，一边向前冲。其间，少校参谋谢大墉在城墙口被日军从远处城墙上打过来的平射炮击中头部，副官长罗辛甲枪伤坠城身亡，和他们随行的鲁江平也中弹坠城。

王铭章等在警卫排的拼死掩护下，艰难越过了城墙，向前方进攻。但是西门城楼上增援来的日军加大火力进攻，密集的子弹很快打中了大家。

赵渭滨被弹穿腹部，倒地挣扎。他的卫士陈洪恩赶紧上去搀扶，赵渭滨说："不行了，别管我，快带上我的手枪，保护王师长突围……"

冲在前面的王铭章听到赵渭滨的话，连忙转过身去，想要看清情况。但是他刚迈出一步，就被子弹打中了。

王铭章只觉得又有什么东西钻进了他的胸部，麻酥酥地疼，挣扎了一下，一摸，手上全是血！他的腹部、胸部已中了7枪，鲜血汩汩地往外冒，瞬间就染红了他的衣服。眼看同伴们都倒在了血泊之中，他喘了几口粗气后，他拼尽力气喊道："还有人吗？"

"师长，我还在！"过了好一会儿，他的警卫副官李少昆才爬到他的身旁，艰难地摸出了口袋里的药，给王铭章敷上。

"如果你能活着见到孙总司令，就请他转告李长官：我们……川……军……"王铭章的头猝然一垂，嘴仍张着，眼睛却已经闭上了。

"师长！师长！师长！……"李少昆惊呆了，不停地摇着王铭章，在悲怆地呼喊着……

残阳如血。一代抗日名将捐躯在滕县，死在一片焦土之中。

王铭章将军牺牲后，守城官兵继续与日军搏斗，入夜之前，日军占领了东、南、西三面城墙，而东北、西北两个城角和北面城墙仍在我军手中。九时，守军两三百人突出重围。但在城内，与大部队失去联系的零星小部队仍在顽强地战斗，彻夜枪声未停，受重伤的300名士兵宁死也不愿落入敌手，互相以手榴弹自炸，全部壮烈牺牲。

直至18日午前，滕县才算沦入敌手。

# 第五章　生前身后名

## 第一节　密寻遗体

王铭章将军殉国后，警卫副官李少昆含泪把王铭章和赵渭滨等人的遗体轻轻移到壕沟边，就近拣了几块木板盖住，洒泪离开，辗转到徐州，向孙震汇报滕县噩耗。孙震立即派人跟着李少昆返回滕县，寻找王铭章等人的遗体。

此时的滕县已被日军占领，戒备森严。李少昆等人来到西城门外，潜伏了好几天，想了很多办法，都难以接近战壕。正当他们焦急万分时，遇到了城郊的农民刘兆福。刘兆福看到李少昆等人，猜测他们是守城的军人，激动地说："听人说守城的将领们都牺牲了，想不到竟然还有生还的人，这真是……真是太好了！小鬼子们现在加紧了戒备，我看各位要赶快离开这里，千万不能再让鬼子捉去。"

李少昆等人见刘兆福正直爱国，就把自己的计划告诉了他。刘兆福听说是为了寻找王将军的遗体，更加激动："王将军为了我们滕县百姓，为了国家英勇牺牲，现在要找回他的遗体，我肯定要出自己的一份力。你们放心，我一定帮你们顺利进城，找回将军遗体！"他将李少昆等人领回家中隐藏，并在外面寻找可以帮他们顺利进城的帮手。

第二天，刘兆福将城里的姓王的泥瓦工介绍给李少昆等人，说这个泥瓦工有办法可以让他们进城。这个泥瓦工表示自己十分愿意帮助他们找回王铭章将军的尸体，并且已经通过关系与县里的红十字会取得了联系。李少昆等人见有希望找回将军遗体，松了一口气。

他们把行动计划告诉了泥瓦匠："我们需要乔装靠近西门战壕，寻找将军遗体。但是对方警备森严，因此还需要一个不会被敌方起疑的人做引导，红十字会的人是再好不过的了。希望可以寻到一个机会，让我们接近战壕。"

泥瓦匠回到城里将计划告诉了红十字会的联络人。那人表示可以让李少昆等人乔装成农民，到时由他带领着，装作在战场清理，避开敌人耳目。

李少昆等人听闻这个计划后，都觉得是个很不错的主意。经过了七八天的秘密活动，终于制订出寻找、抢运王将军遗体的稳妥计划。为了避免人多引人注目，首先将由红十字会的人利用工作的便利条件，到战壕先找出王将军的遗体，并做下暗记，然后就由李少昆等人负责前去抢运。

4月初，时机终于成熟了。在红十字会人员的引导下，5个农民打扮的人来到西门外城壕边。他们就是李少昆三人还有刘兆福和泥瓦匠。敌人在城墙上来回逡巡，并不十分注意他们几个。

很快李少昆就找到了暗记，轻轻扒开土，遗体就露了出来。经仔细察看和辨认后，李少昆确定这就是王将军。几个人立刻用席子将遗体裹住，然后装作清理尸体要带到远处焚烧，将遗体搬到了推车上，运到了城郊，随后连夜运到了徐州总部。

不久之后，王铭章将军的遗体被转运到武汉。上万军民前往迎灵，随即举行公祭。全国军政各界纷纷凭吊致词。国民政府军事委员会委员长蒋介石为王铭章题词为："执干戈以卫邦家，壮志不还，拼取忠忱垂宇宙；闻鼓鼙而思良将，国殇同哭，忍标遗像肃清高。"

毛泽东也送去题词："奋战守孤城，视死如归，是革命军人本色；决心歼强敌，以身殉国，为中华民族争光。"

为了表彰王铭章的功绩，4月6日，国民政府追赠王铭章为陆军上将。

8月30日王铭章的遗体被送回四川。成都八万多人到牛市口迎接亡灵，举行了隆重的悼念活动，众人含泪告别将军。

9月1日，王铭章遗骸下葬于四川省新都县城城西，将军在家乡长眠。

## 第二节　抗战胜利

滕县保卫战自 1938 年 3 月 14 日早晨开始，至 18 日中午结束，共 4 天半，计 108 小时。第 41 军守城部队伤亡 5000 多人，在滕县附近界河、龙山、南、北沙河一带作战的第 45 军伤亡 4000 多人。滕县整个阵地化为灰烬。进犯的日军伤亡也十分惨重，死伤达 2000 余人。

滕县之战，王铭章率军拖住了日军向徐州方向进攻的步伐，为台儿庄大捷铺平了道路。李宗仁后来在其回忆录中评价道：

"若无滕县之死守，焉有台儿庄之大捷？台儿庄之战果，实滕县先烈所造成也。"

没有滕县保卫战拖住敌人，就没有台儿庄战役的胜利，甚至在台儿庄战役中，抗战主力部队孙连仲部所凭借的坚固工事，正是先前王铭章和赵渭宾驻守这里时指挥 122 师官兵用劳动竞赛方式修筑的。

王铭章带领川军以寡敌众，书写了川军抗战史上最光辉的一页！

更具有战略意义的是，日军大本营和天皇政府为洗雪台儿庄大败的耻辱，仓促发动徐州会战，由此陷入侵华战争的泥潭之中，直到 1945 年 8 月 15 日被迫投降。

日本侵略者在中国犯下数不清的罪行。1937 年至 1945 年间，中国军队伤亡 380 余万人，人民死伤 1800 万人，如果从九·一八事变算起，伤亡达 3500 万人。抗战八年，中国直接财产损失达到 600 多亿美元，战争消耗 400 多亿美元，共达 1000 多亿美元。世界上没有哪个国家为世界反法西斯战争付出如此巨大的代价。中国抗日战争全面胜利，是中国人民创造的一个伟大的奇迹。

抗日战争中涌现出许多像王铭章一样的英雄人物，为了实现民族的解放事业，赶走侵略者，他们视死如归，以身殉国。正是凭借这种舍生忘死，报效国家的精神，中华儿女才能苦战八年，取得抗日战争最终的胜利。

抗日战争的胜利使中国人民在世界中站了起来，赢得了全世界的尊重。中华民族从此不再软弱，不再受到列强的压迫，在世界民族之林真正有了自己的立足之地。

抗日战争胜利 70 多年后的今天，我们不能忘记先辈们的牺牲与奉献，我们要牢记历史，珍惜和平，为中华民族的繁荣与富强，像先辈们一样舍身奉献，报效祖国！

"鲁南转战一军张，巴蜀健儿今铁枪。孤城陷敌齐效死，蒲海同声哀国殇。五月锦城返忠骨，杜鹃啼罢鹧鸪切。朝歌泱泱大国风，夕吊茫茫沧海月。"王铭章将军英魂已逝，但将军誓死报国的精神将永远映照我们，激励我们！